GRAMMAIRE

THÉORIQUE ET PRATIQUE

DE

LA LANGUE TURKE.

IMPRIMERIE DE PROSPER DONDEY-DUPRÉ,

Rue Saint-Louis, N° 46, au Marais.

❋ هذا كتاب صرف تركى ❋

GRAMMAIRE

THÉORIQUE ET PRATIQUE

DE LA

LANGUE TURKE,

TELLE QU'ELLE EST PARLÉE A CONSTANTINOPLE,

Par M. Artin Hindoglou,

Natif de Koutaïeh, en Asie-Mineure, professeur de Turk à Vienne, etc.

PARIS,

LIBRAIRIE ORIENTALE DE PROSPER DONDEY-DUPRÉ,

RUE RICHELIEU, N° 47 *bis*.

1834.

PRÉFACE.

Le besoin d'une Grammaire turke abrégée se fait vivement sentir, depuis que les relations de l'Europe avec le Levant deviennent de jour en jour plus intimes. Cependant le public ne demande pas une Grammaire savante, mais un manuel pratique de l'idiome le plus répandu sur les côtes de la partie orientale de la Méditerranée, et dans tous les pays de l'Asie-Antérieure.

Nous avons cru trouver ce livre dans la *Grammaire théorique et pratique de la langue turke*, par M. *Artin Hindoglou*, publié en allemand à Vienne en 1829. L'auteur de cet ouvrage élémentaire est né au centre de l'Asie-Mineure; le Turk, ainsi que l'Arménien, sont ses langues maternelles, et il s'est occupé d'enseigner la première depuis une longue suite d'années. Il a donc eu occasion de reconnaître de quelle nature doit être un livre élémentaire destiné aux Européens qui se proposent d'apprendre le turk, et c'est dans ce but qu'il a rédigé sa Grammaire. Dans cet ouvrage il donne d'abord les mots turks écrits en caractères originaux, puis leur prononciation, qui au fond est la même que celle de Meninski, avec la seule différence que M. Hindoglou écrit plusieurs mots, non pas suivant leur orthographe turke, mais selon la manière dont on les prononce actuellement à Constantinople ; c'est ainsi qu'il ne rend pas le mot اتمك pain par *etmek*, mais par *ekmek ;* qu'il écrit نردبان *merdiven* et non pas *nerduban*, l'escalier, etc. Il a mis ordinairement ces prononciations vulgaires entre deux parenthèses, comme قيف *keif* (*kef*), la mauvaise humeur, etc. Toutefois, là où ce n'est pas le cas, l'étudiant est à même de reconnaître la véritable prononciation, par les mots écrits en lettres arabes, placés à côté de la prononciation vulgaire.

En traitant des verbes, l'auteur a presque toujours indiqué le mode actif, parce qu'on ne peut pas donner de règles générales sur sa formation ; c'est ainsi que de اورمق *örmek*, nouer, on fait *öririm*, je noue ; de كورمق *görmek*, voir, *görurum*, je vois ; de وارمق *varmak*, aller, *varyrym*, je vais ;

de صارمق *sarmak*, envelopper, *sararym*, j'enveloppe; de كيرمـق *guirmek*, entrer, *guiririm*, j'entre.

Comme l'intention de l'auteur n'a été que de donner un manuel pour apprendre la langue de la conversation ordinaire, il ne faut pas chercher dans son ouvrage les règles relatives au style élevé, qui se trouve mêlé d'une foule de mots et de termes arabes et persans. Son livre est destiné au voyageur, au négociant et au militaire qui parcourent l'Orient, et non pas au savant qui veut approfondir la tournure de l'esprit des écrivains turks, et les beautés du style et de la poésie de leurs ouvrages.

En publiant cette traduction de la Grammaire de M. Hindoglou, nous avons cru rendre service au public français, et nous nous trouverons suffisamment récompensé si nous pouvons nous flatter d'avoir atteint ce but.

Paris, ce 12 avril 1834.

GRAMMAIRE

DE

LA LANGUE TURKE.

La langue turke se compose de mots turk-tatares, persans et arabes. Le dialecte élégant, qui est parlé à Constantinople par les classes élevées, contient un grand nombre de termes persans et arabes; ce dialecte est en même tems celui dans lequel les livres sont écrits.

Dans cet ouvrage, on ne traite que du langage de la conversation tel qu'il est usité à Constantinople. La Grammaire et tout le fond de cet idiome sont du turk pur, qui cependant diffère, sous plusieurs rapports, du turk-tatare de la Crimée et du turk oriental parlé dans le nord de la Perse, et de celui qui est usité plus à l'orient, dans l'Asie centrale. Les mots persans et arabes, introduits dans le turk de Constantinople, se trouvent en plus grand nombre dans la langue écrite que dans celle qu'on y parle vulgairement.

CHAPITRE Ier.

Des lettres (حرف harf, ou, ordinairement au pluriel, حروف hourouf), et des signes de l'écriture (حركت hareket) en général.

Les Turks écrivent, comme la plupart des Orientaux, de droite à gauche ; ils ont adopté les 28 lettres des Arabes et 3 lettres des Persans (پ چ ژ), comme on le voit dans le tableau suivant.

ALPHABET TURK.

NOMS. des LETTRES.	FIGURE DES LETTRES.				VALEUR des LETTRES.
	ISOLÉES.	LIÉES à la précédente.	LIÉES à la précédente et à la suivante.	LIÉES à la suivante.	
Elif.	ا	ﺎ	»	»	*a, e, i, y, o, ou, ö, u.*
Be.	ب	ﺐ	ﺒ	ﺑ	*b.*
Pe.	پ	ﭗ	ﭙ	ﭘ	*p.*
Te.	ت	ﺖ	ﺘ	ﺗ	*t.*
Se.	ث	ﺚ	ﺜ	ﺛ	*s (th).*
Djim.	ج	ﺞ	ﺠ	ﺟ	*g* } italien av. *e* ou *i.*
Tchim.	چ	ﭻ	ﭽ	ﭼ	*c* }
Ha.	ح	ﺢ	ﺤ	ﺣ	*h.*
Khi.	خ	ﺦ	ﺨ	ﺧ	*kh.*

NOMS des LETTRES.	FIGURE DES LETTRES. ISOLÉES.	LIÉES à la précédente.	LIÉES à la précédente et à la suivante.	LIÉES à la suivante.	VALEUR des LETTRES.
Dal.	د	ـد	»	»	*d.*
Zel.	ذ	ـذ	»	»	*z* français.
Ry.	ر	ـر	»	»	*r.*
Ze.	ز	ـز	»	»	*z* français.
Je.	ژ	ـژ	»	»	*j* français.
Sin.	س	ـس	ـسـ	سـ	*s.*
Chyn.	ش	ـش	ـشـ	شـ	*ch.*
Sad.	ص	ـص	ـصـ	صـ	*s.*
Dad.	ض	ـض	ـضـ	ضـ	*d* et *z* français.
Thy.	ط	ـط	ـطـ	طـ	*th*, *t.*
Zy.	ظ	ـظ	ـظـ	ظـ	*z* français.
Aïn.	ع	ـع	ـعـ	عـ	*a*, *y*, *o*, *ou*, *e*, *i*, *ö*, *u.*
Ghaïn.	غ	ـغ	ـغـ	غـ	γ grec, *gh* et *g.*
Fe.	ف	ـف	ـفـ	فـ	*f.*
Kaf.	ق	ـق	ـقـ	قـ	*k*, *k'h.*
Kef, kief.	ك	ـك	ـكـ , ـكـ	كـ , كـ	*k*, *ki* très-doux.
Saghyr-noun.	ڭ	ـڭ	ـڭـ , ـڭـ	ڭـ , ڭـ	*ñ.*
Kiefi adjemi.	گ	ـگ	ـگـ , ـگـ	گـ , گـ	*g* av. *a*, *o* et *ou*; *y.*
Liam.	ل	ـل	ـلـ	لـ	*l.*
Mim.	م	ـم	ـمـ	مـ	*m.*
Noun.	ن	ـن	ـنـ	نـ	*n.*
Vav.	و	ـو	»	»	*v*, *o*, *ou*, *ö*, *u.*
He.	ه	ـه , ـه	ـهـ , ـهـ	هـ	*h.*
Ye.	ی	ـی	ـیـ	یـ	*i*, *y.*

Tableau comparatif de nos lettres avec celles des Turks, propre à faciliter la prononciation des mots écrits en caractères turks.

A est désigné en turk par le (´) *ustun* placé sur les consonnes dures ق غ ع ظ ط ض ص خ ح.

B est un *b* doux exprimé par ب.

Tch est le چ des Persans.

Kh est le ch allemand exprimé par خ.

D est le د et le ط.

E est le *ustun* sur les consonnes faibles suivantes : ب ت ث ج د ذ ر ز س ش ف ك ل م ن و ه ى et sur le ا et le ع.

F est exprimé par ف.

G est le ك, et se prononce comme dans le mot *guerre*.

Dj est le *g* italien avant *e* ou *i*, comme dans *giorno*; il est exprimé ج.

Gh est le γ grec moderne, dont la prononciation ne peut s'apprendre que par l'oreille ; c'est le غ. Cette lettre se prononce aussi souvent comme un simple *g* avant *a*, *o* et *ou*; par exemple dans le mot طمغه *damga* (estampille).

H comme en allemand ; exprimé par ه ou ح.

I est rendu par le *esre* avant les lettres faibles, ainsi que par le ی voyelle.

Ĭ cette lettre ne s'écrit pas en turk, elle n'est prononcée que quand le sens l'exige, comme on le verra dans le courant de cette grammaire; c'est le même cas pour l'*y* bref.

Y est le ی turk consonne.

J est le *j* français dans le mot *jour;* c'est le ژ des Persans adopté en turk.

K c'est un *k* très-dur, en turk ق.

K est un *k* très-doux, en turk ک.

Ł est le *l* polonais barré; par exemple : قلب *kalb* (le cœur); c'est le ل turk.

L est un *l* plus dur; par exemple: قلب *kalb* (faux); cette consonne est également exprimée par le ل turk.

M est le م.

N est le ن.

Ñ est le *n* nasal français dans *mon;* on l'exprime par ک ou ڭ *saghir-noun.* Les Turks asiatiques distinguent soigneusement le *n* du *ñ*. A Constantinople on prononce pourtant le *ñ* comme un simple *n;* il n'y est nasal que dans le mot صکره

soñra (après) ; cependant dans la conversation on dit *soghra, so-ora* et *sonra,* quoiqu'on doive prononcer, à la manière asiatique, *songra ;* la même chose a lieu dans le mot تكرى *tañri* (*tangri*) (Dieu).

O est le (ُ) *öturu* sur les consonnes dures, ou sur le و voyelle.

Ö est comme *eu* dans les mots *peu, heureux,* etc. ; il est exprimé en turk par (ُ) *öturu* sur les consonnes faibles et sur le و voyelle.

P est notre *p*, et le پ des Persans adopté en turk.

R est le ر turk.

S est le *s* français et italien au commencement des mots ; il est exprimé par ث س ص.

Ch est le ش.

T est le ت ou ط.

Ou est le (ُ) *öturu* turk sur les consonnes dures et sur le و voyelle.

U est le *u* français ; il s'exprime par (ُ) *öturu* sur les consonnes faibles et sur le و voyelle.

V est le *v* français, en turk و consonne.

Y est le *esre* sur les consonnes dures ; c'est

presque le *e* muet français. Par exemple قرق *kyrk* (quarante), prononcez *krk*, et قرق *kyryk* (cassé), prononcez *k-r-k*.

Y̆ voyez *Ĭ*.

Z est le *z* français.

ᵕ Ce signe, qui ne se place que sur *i* et *y*, n'est exprimé en turk par aucune lettre; il ne sert qu'à indiquer la liaison harmonique entre les mots dans la prononciation. Voyez *Ĭ*.

Du son et de la véritable prononciation des lettres de l'alphabet turk (حروف الهجا *hourouf ul hedja*).

ا *elif* a la valeur des voyelles *a, y, o, ou,* après une consonne dure; il est *e, i, ö, u,* après les consonnes faibles. Si le ا est suivi d'une lettre dure son (´) *ustun* se prononce *a*, son (ˏ) *esre* comme *y*, et son (ʾ) *öturu* comme *o* ou *ou*. Par exemple: أصلا *asla* (jamais), إصرمق *ysyrmak* (mordre), أصول *ousoul* (ordre); mais si le ا est suivi d'une lettre douce, le (´) *ustun* devient *e*, le (ˏ) *esre i*, et le (ʾ) *öturu ö* ou *u*; par exemple: ألم *elem* (le chagrin), إراق *irak* (loin), اورمجك *örumdjek* (l'araignée). Au milieu et à la fin des mots, s'il n'est pas *hamzelif*, il se prononce toujours *a*; s'il est *hamzelif*, on le lit comme un double *ee*; par exemple : مأمول *meemoul* (l'espérance).

ب *be* est notre *b*; il se prononce pourtant souvent *p* après les lettres ت ث ج خ س ش ص ط ق ك. Par exemple : اثبات *ispat* (preuve, confirmation).

پ *pe* est notre *p*.

ت *te* est notre *t*. Dans la conjugaison des verbes qui ont un ت avant la terminaison مك, il est ordinairement changé en د *d*. Par exemple : de ايتمك *etmek* (faire), on fait ايدرم *ederim* (je fais), ايدهيم *edeyim* (que je fasse).

ث *se*. Les Arabes le prononcent comme *th*, les Turks seulement dans le mot ثلث *thulth* (un tiers); partout ailleurs *z* ou *s*.

ج *djim* est le *g* des Italiens avant *e* et *i*, comme dans *giardino*. S'il est précédé par les consonnes indiquées sous ب, on le prononce comme un چ *tch*.

چ *tch* est le *c* italien avant *e* ou *i*.

ح *ha* est un *h* très-dur.

خ *khi* est le *jota* espagnol et le ch des Allemands.

د *dal* est notre *d*; il devient *t* après les consonnes indiquées sous ب . Voyez aussi ط .

ذ *zal* est le *z* français.

ر *ry* se prononce *r*.

ز *ze* est le *z* français.

ژ *je* est le *j* français.

س *sin* est notre *s*; par exemple : سز *siz* (sans), يوزسز *juzsuz* (déhonté).

ش *chyn* est le *ch* français dans *change*, *chaud*.

ص *sad* est un *s* dur.

ض *dad*. Les Arabes prononcent cette lettre *d*; chez les Turks c'est toujours un *z* français, excepté dans قاضى *kady* (le juge), ضيقنفس *dyknefes* (asthme, asthmatique), فضول *fodoul* (fier, hautain).

ط *thy* est *t* ou *th*. Cette lettre est souvent confondue avec ت et د ; on dit par exemple : طوتمق, توتمق et دوتمق *toutmak* (tenir, saisir, prendre).

ظ *zy* est le *z* français.

ع *aïn* est *a*, *y*, *ou*, prononcés tout-à-fait dans le fond du gosier; ce ne sont que les Turks savans qui l'articulent bien; la plupart ne sont pas en état de proférer ce son particulier ; ils le prononcent avec un (ٔ) *öturu,* comme *o, u* ou *ou.* Prononcer le ع comme il le faut, s'appelle en turk عين چتلتمق *aïn tchatlatmak.*

غ *ghaïn* est le γ des Grecs modernes dans le mot μεγαλος (grand). Pour bien connaître la valeur de cette lettre, il faut l'entendre prononcer par les indigènes. Dans plusieurs lieux de la Turquie le mot اغا *agha* (seigneur) se prononce *aga.* Dans la 2ᵉ, 3ᵉ et 4ᵉ terminaison des verbes en مق *mak,* le غ n'est également qu'un *g ;* ainsi au lieu de مغك *maghyn,* مغه *magha,* مغى *maghy,* on prononce *magyn, maga, magy ;* par exemple : pour اولمغه *olmagha,* on dit *olmaga.*

ف *fe* est le *f* français.

ق *kaf* est un *k* très-dur.

ك *kief* doit se prononcer comme *q* dans *qui, quel,* etc.

ك *guef* ou كاف عجمى *kiaf-i-adjemi,* répond au *gu* français devant une voyelle ; souvent il se prononce comme *gui,* par exemple : كيدن *guiden* (celui qui marche). Au milieu des mots, et à la fin, on le prononce aussi comme *y,* comme dans

كوكم *guiöyem* (prunelier), et كوكم *guiyum* (grande bouillotte de cuivre); كوپككك *köpeyiñ* (du chien); à la fin des mots il a rarement ce son, comme dans بك *bey* (prince), چك *tchy* (cru, gelée blanche).

ڭ *saghir-noun*, c'est-à-dire *noun muet;* c'est le *n* français dans *mon, son,* et le *ñ* espagnol; on le prononce pourtant ordinairement comme un *n* commun; par ex.: اقچه‌ك وارمی *akdjén warmi* (as-tu de l'argent?), بابانك قرداشی *babanyn kardachy* (le frère de ton père).

ل *liam* est le *l;* il se prononce de deux manières: 1° très-doucement, comme dans قلب *kalb* (cœur); 2° très-dur, comme dans قلب *kalb* (faux). Ordinairement, mais seulement en parlant, il est confondu avec le *n*, quand cette lettre le précède; c'est ainsi que pour انلر *anler* ou *onlar* on dit *onnar;* pour قرنلر *karynlar* (les ventres), on dit *karynnar.* Dans les mots arabes qui commencent par l'article ال *el,* on le prononce, devant les lettres solaires ت ث د ذ ر ز س ش ص ض ط ظ ل ن, comme la lettre suivante même; par ex.: شمس الدّين *Chems-eddin,* pour *Chems-eldin* (Soleil de la ſoi), nom propre; بين النّاس *beïn ounnas* (parmi les hommes).

م *mim* est notre *m*.

ن *nun* est un *n;* cependant, s'il est suivi par un ب, on le prononce comme un *m;* par exemple : عنبر *amber* (ambre), من بعد *mim bad* (dès à présent).

و *vav* est le *v* français; par exemple : وارمق *varmak* (aller), او *ev* (maison), اوّت *evvet* (oui). avec un (ʻ) *öturu,* et après une lettre dure, le *vav* se prononce *ou,* comme dans بو *bou* (celui, ce); ou comme *o,* dans چوق *tchok* (beaucoup). Après une lettre faible, il devient *u,* comme dans يورك *yurek* (le cœur), et *ö*, comme dans چول *tchöl* (le désert).

ه *he* est le h allemand; par exemple : هيهان *heman* (tout-à-coup), اشتاه *ichtah* (appétit); à la fin des mots, il se prononce ordinairement *à* ou *é;* par exemple : قره *karà* (noir), دده *dedé* (grand-père).

ى *ye* consonne se prononce *y;* par exemple : يمك *yemek* (manger), ايلمك *eylemek* (faire), شى *chey* (chose). Le *ye* voyelle est *i;* il ne se rencontre comme tel qu'au milieu ou à la fin des mots ; par exemple : كيتمك *guitmek* (aller), برى *biri* (un, une).

لا *liam-elif*. Ce signe est composé de deux lettres, ل et ا ; il se prononce *la* ou *lia ;* par ex. : الاجه *aladja* (bigarré), لاقردى *liakrydy* (discours, entretien).

Autres signes de lecture (حركت *hareket*).

(´) *ustun* (فتحه *fethe*, ordinairement *fatà*). Ce signe se place sur les consonnes, et au-dessus de la ligne ; il désigne alors la voyelle *a ;* par exemple : حَ *ha ustun* [*ha*], c'est-à-dire *ha* avec un *ustun* fait la syllabe *ha ;* sur les consonnes faibles, il devient *e*, par exemple : بَ *be ustun* [*be*].

(ˏ) *esre* (كسره *kesre*). Ce signe se place au-dessous de la ligne ; il indique, avec une lettre dure, la voyelle *y*, par ex. : خِ *khy esre* [*khy*] ; avec les lettres faibles, c'est un *i ;* par ex. : جِ *djim esre* [*dji*].

(ُ) *öturu* (ضمّه *zamm*, ordinairement *damma*), est *o*, *ou*, sur les lettres dures ; par ex. : قُ *kaf öturu* [*ko* ou *kou*]; sur les faibles il devient *ö*, *u* ; par ex. : كُ *kief öturu* [*kö* ou *ku*].

(ً) *iki ustun* (*ustun* doublé), se prononce *en* ; sa prononciation est pourtant souvent omise par les Turks qui, au lieu de أصلاً *aslen*, disent *asla* (jamais).

(ٍ) *iki esre* (*esre* double), est *in*.

(ٌ) *iki öturu* (*öturu* double), est *on* ou *oun*.

Ces trois derniers signes ne sont employés que dans les mots arabes.

(ْ) جزم *djezm*, signe de repos ; il se place sur les consonnes entre lesquelles il n'y a pas de voyelles; par ex. : بُورْكْ *börk* (espèce de grand bonnet); comme il n'y a dans ce mot qu'un *öturu* avec le *djezm*, on n'entend pas de voyelle entre le *r* et le *k* ; ainsi on lit *börk*, et non pas بُورَكْ *börek*, ce qui signifierait un mets farineux; نَصْرَانِي *nasrani* (chrétien).

(ّ) تشديد *techdid* ou شدّه *cheddé*. Ce signe double les consonnes sur lesquelles il est placé ; il n'est usité que dans les mots arabes ; par ex. : اللّه *allah* (Dieu), ربّى *rebbi, rabbi* (mon Dieu).

(ٓ) مدّالف *meddelif* ou مدّه *meddé, meddà ;* il ne se place que sur le ا, qu'on prononce alors toujours comme *a*.

(ٔ) همزالف *hamzelif* ou همزه *hamzé*. Si ce signe se trouve sur le ا, celui-ci se prononce *ee;* par ex.: رأى *reey* (opinion, volonté); sur و, il est *u*, par ex. : سؤال *sual* (la demande); sur ي il devient *i*, et alors le ى perd ses deux points. A la fin des mots qui se terminent par une voyelle, on le lit *i*, comme dans بندهٔ خدا *bende-i-khoudà* (le serviteur de Dieu).

Manière d'épeler et de joindre les mots ensemble.

ا ب ت ث ج ح خ د ذ ر ز س ش ص ض

ط ظ ع غ ف ق ك ل م ن و ه ى لا

Elif ustun [*e*], *elif esre* [*i*], *elif öturu* [*u*]. *Be ustun* [*be*], *be esre* [*bi*], *be öturu* [*bu*], etc.

Toutes les lettres faibles s'épellent de cette manière ; avec les dures, le *ustun* devient *a*, le *esre y*, et le *öturu o* ou *ou ;* par ex. : *ha ustun* [*ha*], *ha esre* [*hy*], *ha öturu* [*ho, hou*].

اً بً تً ثً جً حً خً دً ذً رً زً سً شً صً ضً

طً ظً عً غً فً قً كً لً مً نً وً هً يً لاً

Elif iki ustun [*en*], *elif iki esre* [*in*], *elif iki öturu* [*on, oun*]. *Be iki ustun* [*ben*], *be iki esre* [*bin*], *be iki öturu* [*boun*].

C'est ainsi qu'on lit ces signes sur les lettres faibles. Voici leur lecture sur les lettres dures :

اَبْ بَبْ تَبْ ثَبْ جَبْ حَبْ خَبْ دَبْ ذَبْ رَبْ زَبْ

سَبْ شَبْ صَبْ ضَبْ طَبْ ظَبْ عَبْ غَبْ فَبْ قَبْ كَبْ

لَبْ مَبْ نَبْ وَبْ هَبْ يَبْ لاَبْ

Elif be (*beyle*) *ustun* [*eb*], *elif be esre* [*ib*], *elif be öturu* [*ub*], etc.

Toutes les lettres faibles s'épellent de la même manière :

Elif ha ustun [*ha*], *elif ha esre* [*yh*], *elif ha öturu* [*oh*, *ouh*], etc.

La même règle s'applique aussi aux lettres dures ; mais, comme chaque lettre a sa jonction particulière avec les autres, il est nécessaire d'apprendre ces différentes ligatures.

ت et ث se joignent comme ب ; voyez ci-dessus.

اج بج تج ثج جج حج خج دج ذج رج زج سج شج صج ضج

طج ظج عج etc.

ح et خ se joignent de la même manière.

اد بد تد ثد جد حد خد دد ذد رد زد سد شد صد ضد طد

ظد عد غد etc.

ار بر تر ثر جر حر خر در ذر رر زر سر شر صر ضر طر

ظر عر غر etc.

اس بس تس ثس جس حس خس دس ذس رس زس سس

شس صس ضس etc.

اص بص تص ثص جص حص خص دص ذص رص زص سص

شص صص ضص etc.

اط بط تط ثط جط حط خط دط ذط رط زط سط شط صط ضط

طط ظط عط etc.

اع بع تع ثع جع حع خع دع ذع رع زع سع شع صع ضع

طع ظع عع etc.

اف بف تف ثف جف حف خف دف ذف رف زف

سف شف صف *etc.*

On ne donne pas ici les autres lettres qui suivent les mêmes règles que les précédentes.

اك بك تك ثك جك حك خك دك ذك رك زك سك شك

صك ضك طك *etc.*

Elif kief ustun [*ek, eñ, añ*], *elif kief esre* [*ik, iñ, yñ*], *elif kief öturu* [*uk, uñ, oñ, uñ, on*]. *Be kief ustun* [*beñ, beg*], etc. *Khy kief ustun* [*khak* (presque *khaki*), *khañ*], etc. *Thy kief ustun* [*thañ, dañ*], etc.

ال بل تل ثل جل حل خل دل ذل رل زل سل شل صل ضل

طل ظل عل *etc.*

ام بم تم ثم جم حم خم دم ذم رم زم سم شم صم ضم طم

ظم عم غم *etc.*

ان بن تن ثن جن حن خن دن ذن رن زن سن شن

صن ضن طن *etc.*

او بو تو ثو جو حو خو دو ذو رو زو سو شو صو ضو طو

ظو عو غو *etc.*

Elif vav ustun [*ew av*], *elif vav esre* [*iv*, *yv*], *elif vav öturu* [*ouw*, *o*, *ou*, ö, *u*], etc.

اه به ته ثه جه حه خه ده ذه ره زه سه شه صه ضه طه

ظه عه غه *etc.*

Elif he ustun [*eh*] (le *h* est ici presque aussi dur que *kh*), *elif he esre* [*ih*], *elif he öturu* [*uh*]. *Be he ustun* [*beh*, *be*], *be he esre* [*bih*, *bi*], *be he öturu* [*buh*], etc.

اى بى تى ثى جى حى خى دى ذى رى زى سى شى

صى ضى طى ظى *etc.*

Elif ye ustun [*ey*], *elif ye esre* [*i* ou *iy*], *etif ye öturu* [*uy*], etc.

Après ce tableau, on trouve dans les syllabaires turks le أبجد *ebdjed* suivant, qui contient toutes les lettres arabes rangées d'après leur valeur numérique :

أَبْجَدْ هَوَّزْ حُطِّى كَلَمَنْ سَعْفَصْ قَرَشَتْ ثَخَذْ ضَظَغْ

(*Ebjed hevvez houtty kelemen safas karached, sakhaz, dazygh.*)

ا	ب	ج	د	ه	و	ز	ح	ط
١	٢	٣	٤	٥	٦	٧	٨	٩
1	2	3	4	5	6	7	8	9

ى	ك	ل	م	ن	س	ع	ف	ص
١٠	٢٠	٣٠	٤٠	٥٠	٦٠	٧٠	٨٠	٩٠
10	20	30	40	50	60	70	80	90
ق	ر	ش	ت	ث	خ	ذ	ض	ظ
١٠٠	٢٠٠	٣٠٠	٤٠٠	٥٠٠	٦٠٠	٧٠٠	٨٠٠	٩٠٠
100	200	300	400	500	600	700	800	900
غ	غغغ							
١٠٠٠	٣٠٠٠							
1000	3000							

Genres d'écriture.

Les Turks ont différentes espèces d'écriture. Celle qui est destinée à l'impression s'appelle نسخى *neskhi*; on s'en sert pour écrire le Coran, les généalogies, les ouvrages historiques, les romans, les inscriptions, etc.

Les gros caractères *neskhi*, qu'on emploie pour les titres des livres et pour les inscriptions des édifices, s'appellent سلسى *sulsi* (*sulus*); ce sont les calligraphes qui s'en servent le plus souvent.

Les écritures ordinaires des Persans, mais que les Turks n'emploient que pour les actes judiciaires et les compositions poétiques, sont le

تعليق *taalik*, le شكسته *chikeste*, et le قرمه *kyrma*.

Le ديواني *divani* est l'écriture des chancelleries; on s'en sert pour les firmans et les passeports.

L'écriture vulgaire s'appelle رقعه *rikaa;* c'est un mélange de سلسی *sulsi* (*sulus*) et de ديوانی *divani*.

On trouvera, à la fin de cet ouvrage, plusieurs morceaux destinés à ceux qui veulent s'exercer à traduire du turk; cependant comme, selon l'usage, ces morceaux sont écrits sans حركت *hareket* ou signes de lecture, je fais suivre ici l'oraison dominicale en turk, munie de ces signes.

بابامز كه سماده سك مقدس اولا سنك اسمك كله سنك
پادشاهلغك سنك امرك اولسون نته كه كوكده اويله يرده ده
وير بزم يوميه اتمكيمزی بوكون بزه وباغشله بزم بورجمزی نيجه كه
بز باغشلرز بزه بورجلولره وكتورمه بزی اغوايه الا خلاص ايله بزی
فنادن آمين *

Babamyz ki semadesiñ, moukaddes ola seniñ ismiñ, guele seniñ padichahlyghyñ, seniñ emriñ olsoun niteki göyde öile yerde de, ver bizim yövmiye etmeyimizi bou gun bize, ve baghychla bizim bordjoumouzou nidje ki biz baghychlaryz bize bordjloulara, ve göturme bizi ighvaye, illa khelas öile bizi fenadan. Amin.

CHAPITRE II.

Du nom (الاسم *elisim*).

Les noms sont de deux espèces, savoir : موصوف *mevsouf* (noms substantifs), ou وصف *vasf*, ou نعت *naat*, et صفت ذات *syfat-i-zat* (noms adjectifs).

Les adjectifs n'ont ni genre, ni nombre, ni flexions; p. ex. : كوزل ار *guzel er* (le bel homme), كوزل خاتونلرك *guzel khatounlaryñ* (des belles femmes), كوزل حيوان *guzel haïvan* (le bel animal). Il y a pourtant des termes particuliers pour distinguer les deux sexes, par ex. : اركك *erkek* (l'homme mâle), عورت *œvret*, قرى *kary* (femme, femelle), قز *kyz* (fille, vierge), ديشى *dychy* (femelle), اوغلان *oghlan* (garçon, fils, serviteur, esclave). ار اوغلان *er oghlan* (fils), قز اوغلان *kyz oghlan* (fille), ار قرنداش *er ka-*

ryndach (*kardach*) (frère), قز قرنداش *kyz karyndach* (sœur). أوكز *okuz* (bœuf), أنيك *inek* (vache), اركك طوكز *erkek doñouz* (verrat), ديشى طوكز *dychy doñouz* (truie), etc.

Les substantifs masculins dérivés de l'arabe deviennent féminins en ajoutant un ة à la fin, p. ex. : حليل *Halil*, qui est un nom d'homme, devient حليله *Halilé*, nom de femme; شريف *cherif*, qui est un titre d'homme, devient شريفه *cherifé*, titre de femme.

Pour distinguer le genre, quand il s'agit d'un sultan ou d'une sultane, d'un prince ou d'une princesse, on ajoute le nom propre; p. ex. si c'est un homme : سلطان محمود *sulthan Mahmoud* (le sultan Mahmoud); si c'est une femme, فاطمه سلطان *Fatmé sulthan* (la sultane Fatime).

On se sert vulgairement de l'expression سلطان فاطمه كونندن *sulthan Fatmà gununden* (du tems de la sultane Fatime), pour dire qu'une chose est très-ancienne et hors d'usage ou de mode.

Nombres (عدد *aded*).

Les noms ont en turk deux nombres : le *singu-*

lier مفرد *mufred,* et le *pluriel* جمع *djemi'*. Ce dernier se forme par la syllabe لر ajoutée à la fin du mot, et que l'on prononce *lar* après les lettres dures, et *ler* après les faibles; p. ex. : كرم *kerem* (grâce), كرملر *keremler* (grâces), حرام *haram* (chose défendue), حراملر *haramlar* (choses défendues).

A la place de لر, on met souvent les particules persanes آن *ân* et ها *hâ* à la fin des mots; p. ex. : هزار *hezar* (mille), هزاران *hezarân* (des milliers), زن *zen* (femme), زنان *zenân* (femmes). Si le mot se termine par une voyelle, on fait, d'après une règle euphonique, précéder la particule *ân* d'un ى; p. ex. : كتخدا *ketkhouda* (*kiahya*) (lieutenant, intendant), كتخدايان *ketkhoudayân*. Mais si le mot finit en ه, on le fait suivre d'un گ; p. ex. : بنده *bendé* (serviteur), بندهگان *bendéguiân* (les domestiques), خواجه *kodjà* (maître, conseiller), خواجهگان *kodjàguiân* (les conseillers, les maîtres), آژدر *ajder* (le dragon), آژدرها *ajderhâ* (les dragons).

Dans la conversation ordinaire, on emploie souvent des pluriels arabes comme singuliers;

p. ex. : فقرا *foukarà* (pour فقير *fakyr*) (un pauvre). De ce pluriel arabe, on forme alors un pluriel turk, en y ajoutant encore la syllabe لر, comme فقرالر *foukaralar* (les pauvres), كبرالر *kuberalar* (les grands), وزرالر *wuzeralar* (les vesirs).

Déclinaison des noms.

La déclinaison des noms se fait par l'addition de lettres qui se placent à la fin de la manière suivante, à l'exception du cinquième et du sixième cas :

1. Pour le génitif (اصلی *asli*) on ajoute ڭ, quand le mot est terminé par une voyelle, et نڭ s'il a une consonne à la fin.

2. Pour le datif (هدایی *hidâya*) on ajoute un ه après les consonnes, et یه après les voyelles.

3. L'accusatif (نصبی *nasbi*) se forme par ی ajouté après une consonne, et par یی après une voyelle.

4. Le vocatif (ندایی *nidayi*) par l'addition des interjections یا *ya*, ای *ey* (*e*), هی *hey* (*he*), آ *a*; بههی *bé hey*, بره *bré*.

5. Enfin pour former l'ablatif (جرّى *djerri*), on place à la fin des mots qui finissent par une lettre dure, la syllabe دن *dan*, qu'on prononce *den* après les lettres faibles.

EXEMPLES DE DÉCLINAISONS.

Première déclinaison dans laquelle le nominatif se termine par une consonne.

1. Avec une consonne faible.

SINGULIER.

Nominatif.	كون	*gun*, le jour.
Génitif.	كونك	*gunuñ*, du jour.
Datif.	كونه	*guné*, au jour.
Accusatif.	كونى	*guny*, le jour.
Vocatif.	يا كون	*ya gun*, ô jour!
Ablatif.	كوندن	*gunden*, du jour.

PLURIEL.

Nominatif.	كونلر	*gunler*, les jours.
Génitif.	كونلرك	*gunleriñ*, des jours.
Datif.	كونلره	*gunleré*, aux jours.
Accusatif.	كونلرى	*gunlery*, les jours.
Vocatif.	يا كونلر	*ya gunler*, ô jours!
Ablatif.	كونلردن	*gunlerden*, des jours.

Ainsi se déclinent : كونش *gunech*, le soleil ; كول *guiöl*, le lac ; دين *din*, la foi, la religion.

2. Avec une consonne dure.

SINGULIER.

Nom.	قول	*kol*, le bras.
Gén.	قولك	*koluñ*, du bras.
Dat.	قوله	*kolà*, au bras.
Acc.	قولى	*koly*, le bras.
Abl.	قولدن	*koldan*, du bras.

PLURIEL.

Nom.	قوللر	*kollar*, les bras.
Gén.	قوللرك	*kollaryñ*, des bras.
Dat.	قولله	*kollarà*, aux bras.
Acc.	قوللرى	*kollary*, les bras.
Abl.	قولردن	*kollardan*, des bras.

قول *koul* (le serviteur), se décline de la même manière.

A cette déclinaison appartient aussi le mot كور *kior* (l'aveugle), dans lequel le ك est une consonne faible, et le و une voyelle dure. Ainsi كور *kior* fait كورك *kiorouñ*, كوره *kiorà*, et non pas *kiöruñ*, *kiöré*.

3. Noms terminés par un ق :

SINGULIER.

Nom.	چقمق	*tchakmak*, le briquet.
Gén.	چقمغك	*tchakmaghyñ*, du briquet.
Dat.	چقمغه	*tchakmaghà*, au briquet.

Acc.	چقمغی	*tchakmaghy*, le briquet.
Abl.	چقمقدن	*tchakmakdan*, du briquet.

PLURIEL.

Nom.	چقمقلر	*tchakmaklar*, les briquets.
Gén.	چقمقلرک	*tchakmaklaryñ*, des briquets.
Dat.	چقمقلره	*tchakmaklarà*, aux briquets.
Acc.	چقمقلری	*tchakmaklary*, les briquets.
Abl.	چقمقلردن	*tchakmaklardan*, des briquets.

De la même manière se déclinent tous les noms et verbes qui finissent en ق.

4. Noms en ک.

SINGULIER.

Nom.	کوپک	*kiöpek*, le chien.
Gén.	کوپککک	*kiöpeyiñ*, du chien.
Dat.	کوپکه	*kiöpeyé*, au chien.
Acc.	کوپکی	*kiöpeyi*, le chien.
Abl.	کوپکدن	*kiöpekden*, du chien.

PLURIEL.

Nom.	کوپکلر	*kiöpekler*, les chiens.
Gén.	کوپکلرک	*kiöpekleryñ*, des chiens.
Dat.	کوپکلره	*kiöpekleré*, aux chiens.
Acc.	کوپکلری	*kiöplery*, les chiens.
Abl.	کوپکلردن	*kiöpeklerden*, des chiens.

De la même manière se déclinent tous les noms et verbes qui finissent en ک.

5. Noms qui changent dans la déclinaison le ت final en د.

SINGULIER.

Nom.	قورت	*kourt*, le loup.
Gén.	قوردك	*kourdouñ*, du loup.
Dat.	قورده	*kourdà*, au loup.
Acc.	قوردى	*kourdy*, le loup.
Abl.	قوردن	*kourtdan*, du loup.

PLURIEL.

Nom.	قورتلر	*kourtlar*, les loups.
Gén.	قورتلرك	*kourtlaryñ*, des loups.
Dat.	قورتلره	*kourtlarà*, aux loups.
Acc.	قورتلرى	*kourtlary*, les loups.
Abl.	قورتلردن	*kourtlardan*, des loups.

سپت, *sepet*, le panier, se décline de la même manière.

Deuxième déclinaison dans laquelle le nominatif se termine par une voyelle.

1. Mots en ا elif.

SINGULIER.

Nom.	بابا	*baba*, le père.
Gén.	بابانك	*babanyñ*, du père.
Dat.	بابايه	*babayà*, au père.
Acc.	بابايى	*babayi*, le père.
Abl.	بابادن	*babadan*, du père.

PLURIEL.

Nom.	بابالر	*babalar*, les pères.
Gén.	بابالرك	*babalaryñ*, des pères.
Dat.	بابالره	*babalarà*, aux pères.
Acc.	بابالرى	*babalary*, les pères.
Abl.	بابالردن	*babalardan*, des pères.

2. Mots en و *vav.*

SINGULIER.

Nom.	قپو	*kapou*, la porte.
Gén.	قپونك	*kapounouñ*, de la porte.
Dat.	قپويه	*kapouyà*, à la porte.
Acc.	قپويى	*kapouyi*, la porte.
Abl.	قپودن	*kapoudan*, de la porte.

PLURIEL.

Nom.	قپولر	*kapoular*, les portes.
Gén.	قپولرك	*kapoulayñ*, des portes.
Dat.	قپولره	*kapoularà*, aux portes.
Acc.	قپولرى	*kapoulary*, les portes.
Abl.	قپولردن	*kapoulardan*, des portes.

3. Mots en ى *ye.*

SINGULIER.

Nom.	دايى	*dayi*, le neveu.
Gén.	داييـنك	*dayinyñ*, du neveu.
Dat.	داييـيه	*dayïà*, au neveu.

Acc.	دايييى	*dayiyi*, le neveu.
Abl.	داييدن	*dayidan*, du neveu.

PLURIEL.

Nom.	دايبلر	*dayilar*, les neveux.
Gén.	دايبلرك	*dayilaryñ*, des neveux.
Dat.	دايبلره	*dayilarà*, aux neveux.
Acc.	دايبلرى	*dayilary*, les neveux.
Abl.	دايبلردن	*dayilardan*, des neveux.

EXCEPTION.

SINGULIER.

Nom.	صو	*sou*, l'eau.
Gén.	صويك	*souyouñ*, de l'eau.
Dat.	صويه	*souyà*, à l'eau.
Acc.	صويى	*souyu*, l'eau.
Abl.	صودن	*soudan*, de l'eau.

PLURIEL.

Nom.	صولر	*soular*, les eaux.
Gén.	صولرك	*soularyñ*, des eaux.
Dat.	صولره	*soularà*, aux eaux.
Acc.	صولرى	*soulary*, les eaux.
Abl.	صولردن	*soulardan*, des eaux.

CHAPITRE III.

Adjectifs.

Un grand nombre d'adjectifs sont formés par des substantifs, à la fin desquels on ajoute la syllabe لو *lou* (vulgairement لی *ly*).

La troisième personne du présent singulier de l'indicatif des verbes actifs s'emploie comme adjectif; p. ex.: de بلمك *bilmek* (savoir), vient بلور *bilir* (ce qu'on sait, ce qui est su); بلمز *bilmez* (ignorant); de سومك *sevmek* (aimer), سور *sever* (aimant), سومز *sevmez* (qui n'aime pas).

Le comparatif se forme par l'addition de la syllabe جه *djé*; p. ex.: كوزل *guzel* (beau), كوزلجه *guzeldjé* (plus beau); ايو *eyu* (bon), ايوجه *eyudyé* (mieux). On le forme aussi, mais rarement, en ajoutant رك *rek*, après les lettres faibles; p. ex.: يك *yeg* (bon), يكرك *yegrek* (mieux), et رق *rak*, après les dures; p. ex.: الچق *altchak* (bas),

الچقرق *altchakrak* (plus bas). Dans ce cas, ainsi que dans celui des diminutifs, on dit, par euphonie, au lieu de كچوكچه *kutchudjé*, كچورك *kutchurek* (plus petit); pour الچقچه *altchakdjà*, الچرق *altcharak* (plus bas); pour يوكسكجه *yuksekdjé*, يوكسرك *yukserek* (plus haut); pour بيوكجه *boyudje*, بيوجك *boyudjek* (plus grand), etc.

On indique aussi le comparatif par le mot دخي *dakhi* ou *daha* (plus), qu'on place devant l'adjectif; دخي بيوك *dakhi boyuk* (plus grand).

Le superlatif est indiqué par les particules غايت *ghâyet*, اك *eñ*, پك *pek*, زياده *ziyadé*, qui précèdent l'adjectif; p. ex. : اك پك زيده غايت بيوك *eñ*, *pek*, *ziyadé*, *ghâyet boyuk* (très-grand, le plus grand), اك بيوگي *eñ boyuyi*, le plus grand. Le superlatif est encore formé par l'emploi de syllabes particulières qu'on place devant certains adjectifs, comme :

آپ اچق	*ap atchyk*, très-ouvert, très-clair.	
آپ آشكاره	*ap achkiâre*, très-clair, très-distinct.	
آپ اق	*ap ak*,	tout blanc, très-blanc.
بم بياض	*bem beyâz*,	

یم یشیل	*jem yechil*, tout vert.
یم یاش	*jam yach*, tout humide.
بز بتون	*buz butun*, tout parfait, entier.
بز بیوك	*boz boyuk*, extrêmement grand.
قپ قره	*kap kara*, } tout-à-fait noir.
سم سیاه	*sim siyâ*, } tout-à-fait noir.
طوز طوغری	*doz doghrou*, tout droit.
قپ قرمزی قزل	*kyp kyrmyzy* ou *kyzyl*, tout rouge.
قپ قوری	*koup kourou*, entièrement sec, très-sec.

Différentes espèces de noms.

Il y a en turk deux espèces de noms :

1. Les noms radicaux appelés جامد *djamid* ou غیری مشتق *ghaïri muchtak;* comme : ات *et* (chair, viande), كون *gun* (jour).

2. Les noms dérivés ou مشتق *muchtak*, sont :

A. اسم فاعل *ismi faïl*, nom qui indique la personne qui possède, fait, achète, vend, garde, etc. On l'exprime par le participe actif en یجی *idji ydji;* p. ex.: سویجی *sevidji* (celui qui aime), ou الیجی *alydjy* (celui qui prend, chaland).

On le forme aussi en ajoutant à la fin des substantifs la syllabe جی *dji ;* p. ex. : یاردم *yardym* (secours), یاردمجی *yardymdji* (aide, celui qui aide); یول *yol* (chemin), یولجی *yoldji* (voyageur); اتمک *etmek* (*ekmek*) (pain); اتمکجی *ekmekdji* (vendeur de pain, boulanger).

B. اسم مصدر *ismi masdar* ou le nom qui désigne l'action même. Il se forme:

1. En ajoutant ش ou یش *ich*, *ych*, *ouch* à la seconde personne du singulier de l'impératif, ou par le changement de مك et مق en ش; p. ex.: سوش *sevich* (l'amour), الش *alych* (l'action de prendre), باقش *bâkych* (la vue). L'infinitif sert aussi de substantif en changeant son ق ou ك final en ه; p. ex.: كلمه *guelmé* (l'action de venir), اولمه *olmà* (l'être).

2. En ajoutant لك *lik* après مك *mek* et لق *lyk* après مق *mak*; p. ex.: سومكلك (*sevmaklik* (l'action d'aimer, l'amour); اكلامقلق *añlamaklyk* (l'action de comprendre). C'est d'après la même règle que de كندی *kendi* (même), on fait كنديلك *kendilik*, mot qui n'est usité qu'à l'ablatif; p. ex.: كنديلكمدن *kindilyimden* (de moi-même), كنديلكندن *kindiliyinden* (de soi-même).

3. Quelques verbes expriment une action ou un sentiment de l'ame, quand on ajoute un ج à la seconde personne du singulier de l'impératif; p. ex.: de سونمك *sevinmek* (se réjouir), vient سونج *sevindj* (la joie); de قزقانمق *kyzkânmak* (envier), قزقانج *kyzskândj* (l'envie); de قزانمق *kazânmak* (gagner), قزانج *kazândj* (le gain); ايلنمك *ilenmek* (maudire), ايلنج *ilendj* (malédiction).

4. En changeant le مق ou مك final en ى; p. ex.: كورلدمك *guruldemek* (tonner), كورلدى *gurultu* (tonnerre); چاتردمق *tchatyrdamak* (craquer), چاتردى *tchatyrdy* (le craquement); سومك *sevmek* (aimer), سوى *sevi* (l'amour).

5. En changeant en كو ou كى la finale مك des verbes, et en غى celle en مق; p. ex.: ويرمك *vermek* (donner), ويركو *vergui* (impôt); سومك *sevmek* (aimer), سوكو *sevgui* (l'amour); چالمك *tchalmak* (jouer un instrument de musique), چالغى *tchalghy* (*tchalgy*) (musique, instrument de musique); بلمك *bilmek* (savoir), بلكو *bilgui* (science, savoir).

6. En supprimant le ك ou ق de l'infinitif, ou en ajoutant un م à l'impératif; p. ex.: اتمق *atmak* (jeter, lancer); اتم *atym* (le jet, le coup de flèche ou de fusil); المق *almak* (prendre), الم *alym* (l'action de prendre, l'habileté); ایچمك *itchmek* (boire), ایچم *itchim* (la boisson); كيمك *gueïmek* (s'habiller), كيم *gueïm* (l'habillement).

Noms possessifs (اسم منسوب *ismi mensoub*).

Ils indiquent la possession ou la relation qu'on a avec quelque chose, et se forment par la terminaison لو (vulgairement لى) ajoutée au substantif; p. ex.: مال *mal* (biens, richesses),ماللو *mallu* (riche); ات *at* (cheval), اتلو *atlu* (qui a un cheval, cavalier); ات *et* (chair), اتلو *etlu* (qui a de la chair); عقل *akl, akyl* (raison), عقللو *akyllu* (raisonnable); ياره *yara* (plaie, blessure), يارەلو *yaralu* (blessé, couvert de blessures). Les adjectifs dérivés de noms de villes, de lieux, de pays, etc., se forment de même; comme: بچلو *bechlu* (un Viennois), قره دكزلو *kara denizlu* (du côté de la mer Noire), بوسنەلو *bosnalu* (Bosnien), مجارلو

madjarlu (un Hongrois). Dans ce dernier cas, quand il est question de provinces ou de nations, on dit aussi pour مجارلو *madjarlu*, مجار *madjar* (un Hongrois); pour بوسنه‌لو *bosnalu*, بوشناق *bochnàk* (Bosnien); pour عجمستانلو *adjemistanlu*, عجم *adjem* (un Persan); pour نمچه‌لو *nemtchélu*, نمچه *nemtch* (un Allemand); pour روملو *roumlou*, روم *roum* (un Grec), etc.

Pour former des mots relatifs, on se sert aussi souvent du ی arabe; p. ex.. انسان *insan* (l'homme), انسانی *insani* (humain); آتش *atech* (feu), آتشی *atechi* (brûlant, rempli de feu). Les syllabes persanes دار *dâr* et مند *mend* sont employées dans le même but, comme : مالدار *maldâr* (riche), هنرمند *hunermend* (vertueux).

On emploie aussi les mots اهل *ehl* et صاحب *sahib* (possesseur); p. ex. : اهل معرفت *ehl-i-marifet* (vulgairement معرفت اهلی *marifet ehli*) (un expert); صاحب عقل *sahib-i-akyl* (vulgairement عقل صاحبی *akyl sahibi*) un homme raisonnable, qui a de la raison); ainsi que la syllabe ذو *zou;* ذوالقدر *zoul kadr* (puissant), de قدر *kadr* (puissance). Mais ordinairement on se sert du génitif; p. ex. : پادشاهڭ سرایی *padichahyñ saraï* (le palais du roi).

Outre les dérivés relatifs, il y en a encore quelques autres, comme :

اغانڭكی	*aghanyñki*, ce qui appartient au maître.	
بو كونكی	*bou gunki*, ce qui est d'aujourd'hui.	
صباحكی	*sabahki*,	matinal.
صباحده كی	*sabahdéki*,	
صباحدنكی	*sabahdanki*,	

On fait de ces noms possessifs des adjectifs, et de plusieurs substantifs des mots *abstraits*, en y ajoutant la syllabe لق ou لك ; p. ex. : هنرلو *hunerly* (vertueux), هنرلولك *hunerlylik* (la vertu); پهالو *pahâly* (cher), پهالولق *pahâlylik* (cherté); اق *ak* (blanc), اقلق *aklik* (blancheur); صاغ *sagh* (sain), صاغلق *saghlik* (santé).

La même chose a lieu pour les noms de nombre: de ایكی *iki* (deux), on fait ایكیلك *ikilik* (un double); اون *on* (dix), اونلق *onluk* (un décennaire); یوز *yuz* (cent), یوزلك *yuzluk* (centenaire); اوچ پارەلك اتمك الدم *utch paràlyk ekmek aldym* (j'ai acheté du pain pour trois paras), برکوملکلك بز *bir guiomleklik bez* (la toile pour une chemise).

Diminutifs (اسم تصغیر *ismi tasghîr*).

Voici les règles pour leur formation.

On fait suivre le substantif par la syllabe جك ou جق ; p. ex. : کتاب *kitâb* (livre), کتابجق *kitâbdjyk* (un petit livre); عورت *ævret* (femme), عورتجك *ævretdjik* (petite femme) ; انا *ana* (mère), اناجق *anadjik* (petite mère). Quand le substantif se termine en ك ou ق, on supprime cette lettre à cause de l'euphonie et on ajoute au reste du mot جك ou جق ; p. ex. : اتك *etek* (l'ourlet), اتجك *etedjik* (un petit ourlet) ; کوپك *köpek* (chien), کوپجك *köpepjik* (petit chien).

A ces diminutifs on ajoute aussi quelquefois un ز, pour exprimer un plus grand attachement ou une plus grande tendresse ; p. ex. : ال *el* (la main), الجك *eldjik* (menotte), الجکز *eldjiguez* (une petite et tendre main), اتجغز *atdjyghaz* (un joli petit cheval).

Pour les adjectifs, on ajoute جه au lieu de جك

ou جق ; p. ex. : كوزل *guzel* (beau), كوزلجه *guzeldjé* (un peu plus beau) ; الچق *altchak* (bas), الچقجه *altchakdjà* (un peu plus bas) ; كچوك *kutchuk* (petit), كچوكجه *kutchukdjé* (un peu plus petit) ; بيوك *böyuk* (grand), بيوكجه *böyugkdjé* (un peu plus grand) ; mais il vaut mieux dire : الچقجق *altçhakdjyk*, كچوجك *kutchudjuk*, بيوجك *böyudjek*.

Noms de lieu (اسم كثرت *ismi kesret*).

Pour indiquer un lieu qui réunit un grand nombre de choses ou d'êtres d'une même espèce, on ajoute au substantif la syllabe لك ou لق ; p. ex. : دوه *devé* (chameau), دوهلك *devélik* (lieu où se tiennent les chameaux); ميشه *meché* (chêne), ميشهلك *mechélik* (forêt de chênes) ; طاغ *dagh* (mont), طاغلق *daghlyk* (terrain montagneux) ; اكنه *iyné* (aiguille), اكنهلك *iynélik* (étui) ; طرق *tarak* (peigne), طرقلق *taraklyk* (boîte à peignes). La terminaison persane استان *istân* est employée dans le même cas ; p. ex. : كل *gul* (la rose), كلستان *gulistân* (parterre de roses) ; شهر *chehr* (*cheher*) (ville), شهرستان *chehristân* (grande ville, réunion de plusieurs villes); فرنك *Freng* (un Européen), فرنكستان *Frenguistân* (le pays des Européens, l'Europe).

De la forme des noms.

Le redoublement des noms ajoute à leur signification ou à l'idée qu'ils expriment; p. ex. : قره قره *kara kara* (tout-à-fait noir), يوكسك يوكسك طاغلر *yuksek yuksek daghlar* (de hautes montagnes), دريك دريك چايلر *deriñ deriñ tchaylar* (des rivières profondes).

La forme des noms est ou simple ou composée. Tous les noms turks sont simples, mais il y a, en persan et en arabe, beaucoup de composés dont les Turks se servent dans leur langue. Ces composés sont de diverses espèces :

1. Ou deux substantifs sont joints sans aucune syllabe intermédiaire, comme پری پیکر *peri peyker* (visage d'ange, visage angélique), يوسف جمال *Yousouf djemal* (beau comme Joseph, ou celui qui a la beauté du patriarche Joseph), سروقدّ *servi kadd* (élancé comme un cyprès), اهو چشم *ahu*

tchesm (qui a les yeux d'une gazelle, de beaux yeux).

2. Ou bien un adjectif ou un verbe sont joints à un substantif ou à un autre verbe; p. ex.: شکسته دل *chikesté dil,* کوکلی قرق *göynu kyry* (attristé, sans vigueur), خوب روی (*choubruy* (ayant un beau visage, beau), تیر انداز *tir endâz* (coup de flèche), جهان دیده *djihân didé* (avisé, qui a vu le monde), همراه *hemrah* (compagnon de voyage), نا معلوم *na ma'lum* (inconnu), بی نماز *bi namâz* (*beinamâz*) (qui ne prie pas, irréligieux).

3. Enfin les Turks se servent aussi de mots arabes composés, comme عبدالله *Abdoullah* (serviteur de Dieu), nom propre, روح الله *rouh oullah* (le Saint-Esprit), ابن الله *ibn oullah* (le fils de Dieu), شمس الدين *Chems ed-din* (Soleil de la foi), nom propre.

CHAPITRE IV.

Noms de nombre (اسما العدد *esma ul aded*).

NOMBRES CARDINAUX.

			Turk.	Persan.	Arabe.
1	١	ا	بر *bir.*	يك *yek.*	احد *ahed.*
2	٢	ب	ايكى *iki.*	دو *du.*	اثنان *isnani.*
3	٣	ج	اوچ *utch.*	سه *se.*	ثلاثه *selasé.*
4	٤	د	دورت *dört.*	چهار *tchehâr,* ou *tchihâr.*	اربه *erba'a.*
5	٥	ه	بش *bech.*	پنج *pendj.*	خمسه *khamsà.*
6	٦	و	التى *alty.*	شش *chech.*	سته *sitté.*
7	٧	ز	يدى *yedi.*	هفت *heft.*	سبعه *seb'a.*
8	٨	ح	سكز *sekiz.*	هشت *hecht.*	سمانيه *semaniyé.*
9	٩	ط	طقوز *dokouz.*	نه *nuh.*	تسعه *tis'a.*

			Turk.	Persan.	Arabe.
10	١٠	ى	اون *on.*	ده *deh.*	عشرة *acharé.*
11	١١	يا	اوبير *on bir.*	يازده *jazdé.*	احدعشر *ahed-asyr.*
20	٢٠	ك	يكرمى *iyirmi,* ou *iyirmigi.*	بيست *bist.*	عشرونه *ychrouné.*
30	٣٠	ل	اوتوز *otouz.*	سى *si.*	ثلاثون *selasoune.*
40	٤٠	م	قرق *kyrk.*	چهل *tchihil.*	اربعون *erba'oune.*
50	٥٠	ن	اللى *elli.*	پنجاه *pendjiâh.*	خمسون *khamsoune.*
60	٦٠	س	التمش *altmych.*	ششت *checht.*	ستون *settoune.*
70	٧٠	ع	يتمش *yetmych.*	هفتاد *heftâd.*	سبعون *seb'oune.*
80	٨٠	ف	سكزن *sekzen,* ou *sekizen.*	هشتاد *hechtâd.*	ثمانون *semanoune.*
90	٩٠	ص	طقسان *doksan,* ou *dokouzan.*	نود *nuved.*	تسعون *tis'oune.*
100	١٠٠	ق	يوز *yuz.*	صد *sad.*	مائيت *miet, maït.*

			Turk.	Persan.	Arabe.
200	٢٠٠	ر	ایکی یوز *iki yuz.*	دوصد *du sad.*	مائتان *maitâni.*
300	٣٠٠	ش	اوچیوز *utch yuz.*	سیصد *sisad.*	ثلاث مائة *selase mié.*
400	٤٠٠	ت	دورتیوز *dört yuz.*	چهارصد *tchehârsad.*	اربع مائة *erba'e mié.*
500	٥٠٠	ث	بشیوز *bech yuz.*	پانصد *pânsad.*	خمس مائة *khamse mié.*
600	٦٠٠	خ	التی یوز *alty yuz.*	ششصد *chechsad.*	ست مائة *sitte mayé.*
700	٧٠٠	ذ	یدی یوز *yedi yuz.*	هفتصد *heftsad.*	سبع مائة *sab'a mayé.*
800	٨٠٠	ض	سکزیوز *sekiz yuz.*	هشتصد *hechtsad.*	ثمان مائة *semane mayé.*
900	٩٠٠	ظ	طقوزیوز *dokouz yuz.*	نهصد *nuhsad.*	تسع مائة *tis'a mayé.*
1000	١٠٠٠	غ	بیک *biñ.*	هزار *hezâr.*	الف *elf.*
2000	٢٠٠٠	بغ	ایکی بیک *iki biñ.*	دوهزار *duhezâr.*	الفان *elfân.*
100000	١٠٠٠٠٠	یغ	یوز بیک *yuz biñ.*	صد هزار *sad hezâr.*	كرّة *kerret.*
1000000	١٠٠٠٠٠٠	قغ	بر یوک *bir yuk.*	دەصد هزار *dehsad hezâr.*	ربوة *ribvet.*

Les nombres cardinaux ne se déclinent pas; p. ex. : يوز اقجه يه *yuz akdjéyé* (à cent aspres), بر ادمك قزى *bir adamyñ kyzy* (la fille d'un homme).

Les noms substantifs et les verbes joints à des noms de nombre ne subissent aucun changement de terminaison; p. ex. : بيك ادم كلدى *biñ adam gueldi* (mille hommes sont arrivés), اون اوى وار *oñ evi var* (il a dix maisons). Au jeu de trictrac, on se sert des noms de nombre persans, aussi bien que des turks; car on dit :

يك يك	*yek yek*, double as.
ايكى بر	*iki bir*, deux et un.
سه يك	*séyek*, trois et un.
چهار يك	*tchehâr yek*, quatre et un.
پنج ويك	*pendjouyek*, cinq et un.
شش ويك	*chechouyek*, six et un.
دو بارا	*doubara*, double deux.
سه بادو	*sebadou*, deux et trois.
چهارودو	*tchèhâroudu*, quatre et deux.
پنج ودو	*pendjoudu*, cinq et deux.
شش ودو	*chechoudu*, six et deux.
دوسه	*dusé*, double trois.
چهاروسه	*tchèhârousé*, quatre et trois.
پنج وسه	*pendjousé*, cinq et trois.

شش وسه	*chechousé*, six et trois.
دورت چهار	*dörtchehâr*, double quatre.
پنج چهار	*pendj tchehâr*, cinq et quatre.
شش چهار	*chech tchehâr*, six et quatre.
دوبش	*dubech*, double cinq.
شش وبش	*chechoubech*, six et cinq.
دوشش	*duchech*, double six.

Dans plusieurs mots composés on se sert des noms de nombre persans; p. ex. : ششخانه *seschâné* (hexagone), چارشنبه *tchârchembé* (mercredi).

Les fractions de nombres ou de choses sont exprimées par يارم *yarym*, نصف *nysf*, ياريسى *yarysy*, نصفى *nysfy*, چيرك *tcheyrek*, ثلث *tult*, etc.; p. ex. : يارم ساعت *yarym saat* (une demi-heure), ساعت يارم *saat yarym* (il est midi et demi). Dans ce cas on peut aussi dire seulement : يارم *yarym*. Pour le nombre seul, on ajoute le mot بچق *boutchouk*, qui signifie moitié, demie :

بر بچق	*bir boutchouk*, un et demi.
ايكى بچق ساعت	*iki boutchouk saat*, deux heures et demie.
ساعت اوج بچق	*saat utch boutchouk*, trois heures et demie.
يارى يول	*yary yol*, la moitié du chemin.

یاریسی سنڭ یاریسی بنم *yarysy seniñ yarysy benim*, la moitié à toi, la moitié à moi.

چیرك *tcheyrek*, un quart (coupé).

بر چیرك قوزی *bir tcheyrek kouzou*, le quart d'un mouton.

اوچ چیرك ساعت *utch tcheyrek saat*, trois quarts d'heure.

چیرك قنطر *tcheyrek kantar*, un quart de quintal.

Si l'on met le mot ساعت *sa'at*, au commencement, il désigne l'heure ou la montre même : ساعت بش بچق *sa'at bech boutchouk* (il est cinq heures et demie), ساعت اونه واردی *sa'at ona wardy* (il est dix heures) ; et si on l'ajoute à la fin, بش بچق ساعت *bech boutchouk sa'at* (une durée de cinq heures et demie).

ساعت بری چیرك کچدی *sa'at biri tcheyrek guetchdi*, il est une heure et un quart.

بر بچق *bir boutchouk*, une heure et demie.

ایکی بچق *iki boutchouk*, deux heures et demie.

اوچه چیرك وار *utché tcheyrek war*, deux heures et trois quarts.

ربع *roub'a (ouroub)*, un quart (mesuré).

بش غروش اندازه بر ربع *bech ghourouch, endazé bir ouroub*, cinq et un quart de piastre.

یدی ربع اننده *yedi roub'a enindé*, large de sept quarts.

ثلث *suls*, *(tult)*, }
اوچ پایك بری *utch pâyin biri*, } un tiers.

ایکیده بر *ikidé bir*, la moitié.
اوچده بر *utchdé bir*, un tiers.
دورتده بر *dörtdé bir*, un quart.
اونده بر *ondà bir*, un dixième.
يوزده بر *juzdé bir*, un pour cent.

NOMBRES ORDINAUX.

	Turk.	Persan.	Arabe.
1er	برنجی *birindji.*	نخستين *noukhoustin.*	اوّل *evvel.*
	الك *ilk.*		
	اوّلكی *evvelki.*		
2me	ایكنجی *ikindji.*	دوم *duvum.*	ثانی *sani.*
3me	اوچنجی *utchundju.*	سوم *sivum.*	ثالث *salis.*
4me	دوردنجی *dördundju.*	چهارم *tchehârum.*	رابع *ra'bi.*
5me	بشنجی *bechindji.*	پنجم *pendjum.*	خامس *khamis.*
6me	التنجی *altyndjy.*	ششم *chechum.*	سادس *sadis.*
7me	يدينجی *yedjindji.*	هفتم *heftum.*	سابع *sabi'.*

	Turk.	Persan.	Arabe.
8me	سکزنجی *sikizindji.*	هشتم *hechtum.*	ثامن *samin.*
9me	طقوزنجی *dokouzundjou.*	نهم *nuhum.*	تاسع *tasi'.*
10me	اوننجی *onoundjou.*	دهم *dehum.*	عاشر *achir.*
11me	اونبرنجی *onbirindji.*	یازدهم *jazdehum.*	حادی عشر *hadi achre.*
20me	یکرمنجی *yiyirmindji.*	بیستم *bistum.*	عشرون *achrune.*
30me	اوتوزنجی *otouzundjou.*	سیم *siyum.*	ثلاثون *selasoune.*
40me	قرقنجی *kyrkyndjy.*	چهلم *tchehilun.*	اربعون *erba'oune.*
50me	اللنجی *ellindji.*	پنجاهم *pendjahum.*	خمسون *khamsoune.*
60me	آلتمشنجی *altmychyndji.*	شصتم *chechtum.*	ستون *settoune.*
70me	یتمشنجی *yetmichindji.*	هفتادم *heftadum.*	سبعون *seb'oune.*
80me	سکزننجی *sekzenindji.*	هشتادم *hechtadum.*	ثمانون *sema'oune.*
90me	طقساننجی *doksanyndji.*	نودم *nuvedum.*	تسعون *tes'oune.*

	Turk.	Persan.	Arabe.
100me	یوزنجی	صدم	مايت
	yuzundju.	*sadum.*	*mayet, miet.*
1000me	بیکنجی	هزارم	الف
	biñindji.	*hezarum.*	*elf.*

Pour numéroter les chapitres des livres on se sert d'ordinaux arabes, et quelquefois de persans.

NOMBRES DE RÉPARTITION.

Les noms des nombres de répartition sont dérivés des cardinaux qui se terminent par une consonne, par la lettre ر *er*, et de ceux qui ont une voyelle à la fin, par شر *cher*; p. ex. : برر *birer* (unique, à un), ایکیشر *ikicher* (à deux), etc. On les redouble aussi quelquefois, comme برر برر *birer birer* (à un, seul), ایکیشر ایکیشر *ikicher ikicher* (à deux, par deux, deux à deux, par paire), اون قرپوز دوردر پارەیە *on karpouz dörder pâray à* (dix melons d'eau à quatre paras la pièce), یوز فرونط اونارلق الدم *yuz forint onarlyk aldym* (j'ai reçu cent florins en pièces de dix).

On compte aussi parmi les noms de nombre :

تک *tek*, برقات, *birkat*, يالن قات *yalyn kat* (impair, unique).

تک مى چفت	*tek mi tchift*, pair ou impair.
برايكى قات	*bir iki kat*, unique ou double.
بر ايكى اولقدر	*bir iki olkadar*, un ou deux fois autant.
قات قات	*kat kat*, } beaucoup de fois autant.
چوق قات	*tchok kat*, }
بر كرّه دفعه كز	*bir kerré*, *defa'*, *kez*, une fois.

Les mots suivans sont plutôt des adjectifs que des noms de nombre : ايكى يوزلو قماش *iki yuzlu koumach* (une étoffe pareille de deux côtés), ايكى يوزلو كمسه *iki yuzlu kimsé* (qui a deux faces, hypocrite), ايكى دللو چاقى *iki dilli tchaky* (un couteau de poche à deux lames), اوچ باشلو *utch bachly* (à trois têtes).

CHAPITRE V.

Pronoms (ضمير *zamir*).

Les pronoms personnels et indicatifs sont :

SINGULIER.

Nom.	بن	*ben*, moi.
Gén.	بنم	*benim*, de moi, mon.

Dat. بكا *bana*, à moi.
Acc. بنى *beni*, moi.
Abl. بندن *benden*, de moi.

PLURIEL.

Nom. بز *biz*, nous.
Gén. بزم *bizim*, nôtre.
Dat. بزه *bizé*, à nous.
Acc. بزى *bizi*, nous.
Abl. بزدن *bizden*, de nous.

Il est pourtant plus poli d'employer le pluriel renforcé par la finale لر; p. ex. : بزلر *bizler* (nous), بزلرك *bizleryñ* (notre).

Négatif : بنسز *bensiz*, sans moi ; بزسز *bizsiz*, sans nous.

Comparant : بنجلين *bendjileyin*, comme moi ; بنم كبى *benim guibi*, pareil à moi ; بنجه *bendjé*, de ma manière.

SINGULIER.

Nom. سن *sen*, tu, toi.
Gén. سنك *seniñ*, de toi, ton.
Dat. سكا *saña*, à toi.
Acc. سنى *seni*, te, toi.
Abl. سندن *senden*, de toi.

PLURIEL.

Nom. سز *siz*, vous.
Gén. سزك *siziñ*, votre.

Dat.	سزه	*sizé*, à vous.
Acc.	سزی	*sizi*, vous.
Abl.	سزدن	*sizden*, de vous.

Ou plus poliment سزلر *sizler*, vous, سزلرك *sizleriñ*, votre.

Négatif : سنسز *sensiz*, sans toi, سزسز *sizsiz*, sans vous.

Comparant : سنجلین *sendjileyin*, سنك كبی *seniñ guibi*, comme toi, pareil à toi ; سنجه *sendjé*, de ton espèce, de ta manière.

SINGULIER.

Nom.	اول	*ol* او *o*, lui, elle, lui.
Gén.	انك	*anyñ* (*onuñ*), son.
Dat.	اكا	*ona*, lui.
Acc.	انی	*any* (*onou*), le.
Abl.	اندن	*anden* (*ondan*), de lui.

PLURIEL.

Nom.	انلر	*anler* (*onlar*), vulg. *onnar*, eux.
Gén.	انلرك	*anleriñ* (*onlaryñ*), leur.
Dat.	انلره	*anleré* (*onlarà*), à eux.
Acc.	انلری	*anleri* (*onlary*), les.
Abl.	انلردن	*anlerden* (*onlardan*), d'eux.

Négatif : انسز *ansyz* (*onsouz*), انلرسز *anlersiz* (*onlarsyz*) ; mais on dit communément انلر اولمینجه *onlarà olmayindjà*.

Comparant : انجلین *andjileyin* (*ondjoulayin*), انك كبی *anyñ guibi* (*onouñ*), comme lui, pareil à lui.

Les mots suivans se déclinent régulièrement :
بو *bu* (ce, ce qui est près de moi). Dans le plu-

riel on change vulgairement en ن le ل qui précède la syllabe لر ; p. ex. : بونلر *bounlar*, شونلر *chounlar*, deviennent *bounnar*, *chounnar*, ceux.

Négatif : بونسز *bounsouz*, sans ce, sans cela.

Comparant : بونجلين *boundjouleyin*, بونجه *boundjà*, comme celui, comme ceci.

شو *chou*, (ce, en ma présence, mais loin de moi).

Négatif : شونسز *chounsouz*, sans ce, sans cela.

Comparant : شونجلين *choundjouleyin*, شونجه *choundja*. Voyez بونجه *boundjà*.

كندى *kendi*, (même, lui-même, en personne).

SINGULIER.

Nom.	كندى	*kendi.*		
Gén.	كندونك	*kinduniñ.*		
Dat.	كندويه	*kenduyé*,	كندينه	*kendiné.*
Acc.	كندويي	*kenduyi*,	كنديني	*kendini.*
Abl.	كندندن	*kendinden*,	كندودن	*kendouden.*

PLURIEL.

Nom.	كندولر	*kenduler*, etc.

كندو بكا سويلدى *kendi baña söyledi*, il me l'a dit lui-même.
كندى كتابنى صاتدى *kendi kitabyny satdy*, il a vendu son propre livre.

نیچون کندو کلمدی *nitchun kendu guelmedi*, pourquoi n'est-il pas venu lui-même?

کندی ایله سویلشدم *kendi ilé soïlechdim*, je lui ai parlé en personne.

Le mot اشبو *ichbou* (pour بو *bou*), ce, celui-ci, est fréquemment employé dans la langue écrite, mais rarement dans la conversation.

Pronoms relatifs.

که *ki* (rarement کم *kim*), quel, ce, qui, est indéclinable et se joint très-souvent à او *o* ou اول *ol*; p. ex.:

که اننک *ki anyñ*, à qui (*cujus*).
که انی *ki onu*, qui, quel.
که اکا *ki ona*, à qui.
که اندن *ki ondan*, de qui.

En pluriel de même: اول کشی که اندن اقچه الدم *ol kichi ki ondan akdjé aldym* (cet homme duquel j'ai reçu de l'argent), بودر که صوپه یدی *boudour ki sopa yedi* (c'est celui qui a reçu les coups).

Cependant ces phrases sont mieux formées par des participes; p. ex.: اقچه الدیغم کمسه *akdjé aldyghym kimsé*, صوپه ییین بودر *sopa yeyen boudour*.

Souvent on écrit کی pour که, qu'on lit *ki*, *ghi*, *ghy*, *ky*, et qu'on met à la fin du mot; p. ex. : پرمغمدده کی یوزك *parmaghymdà ki yuzuk* (l'anneau que j'ai à mon doigt), باشكده کی شال *bachyñdà ki châl* (le schall que tu as sur ta tête).

بنمکی *benimki*, le mien.
سنککی *seniñki*, le sien.
انککی *anyñki*, le sien, le leur.
یوقردهکی *jokardà ki*, ce qui est en haut.
اشاغدهکی *achaghdà ki*, ce qui est en bas.
دیشاردهکی *dichardà ki*, ce qui est en dehors.
ایچردهکی *itcherdé ki*, ce qui est en dedans.

Pronoms interrogatifs.

A. Le pronom کم *kim* (qui?), se décline régulièrement; p. ex. :

کم کلدی *kim gueldi*, qui est venu ?
کمك در بو *kimiñ dir bou*, à qui cela?
کمه ویردك *kimé verdiñ*, à qui l'as-tu donné?

Il se joint également aux pronoms terminatifs; par ex. : سندن غیری کمم وار *senden ghaïry kimim var* (qui ai-je outre toi?).

B. Le pronom interrogatif نه *né*, que? (en parlant d'une chose) se décline aussi régulièrement :

نه رارسك *né ararsyñ*, que cherches-tu?
نه‌نك در بو *néniñ dir bou*, à quoi appartient cela?
نه‌یه یرار بو *néyé yarar bou*, à quel usage cela?
نه‌دن صوردك *néden sordouñ*, pourquoi as-tu demandé?
نه‌نك كبی *néniñ guibi*, de quelle manière?
نه‌یه كلدك *néye gueldiñ*, pourquoi es-tu venu?
نه‌دن قورقرسك *néden korkarsyñ*, de quoi as-tu peur?
نه‌لر كچدی *néler guetchdi*, qu'est-ce qu'il est arrivé?
نه ادمدر *né adem dir*, quel homme est-il?
نه اصل *né asyl* (نصل *nasyl*), quel?
نه شكل *né chekl*, (de quelle forme) quel?
نه دورلو *né turlu*,
نه كونا *né göna*, } quel, comment?
نه مقوله *né makoulé*, quel caractère?
نه قدر
نقدر } *né kadar*,
نه مقدار *né mykdar*, } combien, de quelle grandeur?
نه كوزل *né guzel*, quelle beauté?
نه عقللو *né akylly*, quelle capacité?

Et avec les pronoms terminatifs :

نه‌م وار *nem war*, qu'ai-je?
نه‌كی الدیلر *néñi aldylar*, que t'ont-ils pris?
نه‌كدن كچدك *neñden guetchdiñ*, qu'as-tu laissé du tien?
نه‌سی اولاجك *nési oladjak*, qu'aura-t-il, que lui manquera?
نه‌لرینی كوردك *nélerini görduñ*, qu'as-tu vu d'eux, qu'as-tu souffert d'eux?

C. قنغی *kangiy* (*hangy*), quel? en construction avec des substantifs, est indéclinable; il est décliné quand il est suivi par des pronoms terminatifs; p. ex. : قنغی او ادم *hangy ev, adem* (quelle maison? quel homme?) قنغیمزك اوغلی *hangymyzyñ oghlou* (de qui de nous est-il le fils? à qui de nous appartient-il comme fils?).

قنغیلری كلدی *hangylary gueldi*, qui d'eux sont venus?
قنغی ولایتلو *hangy vilayetlu*, de quel pays?
قنغی بری *hangy biri*, la communauté; qui d'eux?
قنغی برینه ایناندیم *hangy biriné inanàyim*, à qui d'eux dois-je avoir confiance?
قنغی بر *hangy bir*, quel?
قنغی برسوز *hangy bir söz*, quel mot? quelle chose?
قنغی بر شی *hangy bir chey*, quelle chose?

D. Un s'exprime par بر كمسه *bir kimsé*, بر كیمسنه *bir kimesné*, كمسه *kimsé*, كمسنه *kimesné*; بر ادم *bir adem (adam)*, بر كیشی *bir kichi* بریسی *birisi*, بری *biri*.

Des choses on dit بر شی *bir chey*, بر نسنی *bir nesné (neste)*, une chose, بر پارچه *bir partchà*, بر پاره *bir parà*, بر قطعه *bir kyt'ah*, بر دانه *bir dané*; p. ex. : بر پارچه اتمك *bir partcha ekmek* (un morceau de pain), بر پاره كوی *bir parà kiöy* (un village), بر دانه اوزم *bir dané uzum* (un grain de raisin), بر پادشاه *bir padichâh* (un roi, un certain roi).

Aucun s'exprime par كمسه *kimsé*, بر كمسه *bir kimsé*, كمسنه *kimesné* joint à la négation ou à هيچ *hitch* (rien, rien du tout), tant quand il s'agit des personnes que des choses. On dit aussi بر شي *bir chey*, بر نسنه *bir nesné* (rien).

Les pronoms précédens peuvent aussi se joindre au mot هيچ *hitch*; p. ex. : هيچ كمسه كمسنه كلمدى *hitch kimsé*, *kimesné guelmedi* (il n'est venu personne); هيچ بر شي كورمدم *hitch bir*, *chey görmedim*, je n'ai vu rien du tout. On dit aussi بر شي يوق *bir chey yok* (il n'y a rien), اصلا *asla* (jamais).

هر *her* (chacun, tous) :

هر بر	*her bir*, chacun.	
هر كيشي	*her kichi*,	chacun, tout le monde.
هر كمسه	*her kimsé*,	
هر كس	*her kes*,	

Quand il s'agit de la totalité, on dit جمله سى *djioumlési*, هپسى *hepsi*.

On emploie comme adjectifs هپ *hep,* جمله *djioumlé,* جميع *djemi',* كل *kulli* (tous).

Si l'on place le mot هر *her* devant كم *kim* ou قنغی *hangy,* etc., cette composition a la signification de quiconque; comme هر كم *her kim* (quiconque, qui que ce soit):

هر قنغی	*her hangy,*	quoiqu'il en soit, quoique ce soit.
هر نصل	*her nasyl,*	
هر نه شكل	*her né chekl,*	
هر نه مقوله	*her né makoulé,*	
هر نه	*her né,* quoi qu'il arrive.	
هر نه دكلو	*her né deñlu,*	tout ce qu'il soit, autant qu'il soit.
هر نه مقدار	*her né mykdar,*	
هر نه قدار	*her né kadar,*	
هر كم كلورسه	*her kim guelirsé,* quiconque puisse venir.	
هر نه اولورسه اولسون	*her né oloursà olsoun,* quoi qu'il en soit, malgré ce qui arrive.	

Pour faire des pronoms relatifs on place aussi devant اول *ol* (او *o*) et بو *bou,* les particules هان *heman* ou ينه *yiné* (*guené*); par exemple: ينه او *yiné o,* همان او *heman o* ou اول همان *ol hẽman;* souvent on emploie aussi بر *bir;* p. ex.: بر در *bir dir* (c'est le même), عينى ايله اودر *ayni ilé odour* (c'est la même chose).

هپ	*hep*,	entier, pareil, semblable.
بتون	*butun*,	
تمام	*temam* (*taman*),	
اولبر	*ol bir* (*o bir*),	
بر دخی	*bir dakhy*,	l'autre, le suivant.
غیری	*ghayry*,	
بر غیری	*bir ghayry*,	
اخر	*akhir*,	
سایر	*sayir*,	
دورلو دورلو	*turlu turlu*,	différent, divers, de diverses couleurs.
الوان	*elvan*,	
کونه کونه	*guiöné guiöné*,	
رنکارنك	*renguiareng*,	
بونك کبی	*bounouñ guibi*,	ainsi, tel, de cette manière, de cette forme.
انك کبی	*onouñ guibi*,	
بونجلین	*bondjoulayin*,	
انجلین	*ondjoulayin*,	
بو مقوله	*bou makoulé*,	
اول مقوله	*ol makoulé*,	
شو او بو شکل	*chou*, *o*, *bou chekl*,	
فلان	*filan*,	tel ou tel, ceci ou cela, un certain.
فلان فلان	*filan filan*,	
فلان فستان	*filan fistan*,	

Pronoms possessifs.

بنم	*benim*, mon;	بزم	*bizim*, notre.
سنك	*seniñ*, ton;	سزك	*siziñ*, votre.
انك	*anyñ* (*onouñ*), son;	انلرك	*anlaryñ*, leur.

En y ajoutant كى *ki*, ces mots deviennent substantifs.

بنمكى	*benimki*, le mien ;	بزمكى	*bizimki*, le nôtre.
سنككى	*seniñki*, le tien ;	سزككى	*siziñki*, le vôtre.
انككى	*anyñki*, le sien ;	انلرككى	*anleriñki*, le leur.
كندونككى	*kenduniñki*, le sien, sa propriété.		

Ces dérivés se déclinent comme كندو *kendu*.

Pronoms terminatifs.

Ils sont indiqués, pour la première personne, par م *m, ym, im, oum, um;* p. ex. :

بابام	*babam*, mon père.	كوكلم	*göynum*, mon cœur.
مالم	*malym*, ma marchandise.	كوزم	*guiözum*, mon œil.
اوم	*evim*, ma maison.		

Pour la seconde personne, par ك *ñ, yn, in, oun, un;* p. ex. :

اغاك	*aghañ*, ton maître.	يولك	*youluñ*, ton chemin.
باشك	*bachyñ*, ta tête.	يوزك	*yuzuñ*, ton visage.

Pour la troisième personne, par ى *y, i, ou, u,* quand le mot se termine par une consonne :

دكانى	*dukiany*, sa boutique,	يولى	*jolu*, son chemin.
ديويدى	*dividi*, *jolou*, *giözu*,	كوزى	*giözu*, son œil.

Et par سى *sy*, *si*, *sou*, *su*, dans les mots qui se terminent par une voyelle; p. ex. :

اناسى	*anasy*, sa mère.	قپوسى	*kapusu*, sa porte.
ددهسى	*dedési*, son grand-père.	اولوسى	*ölusu*, son cadavre, son corps.

Pour la première personne du pluriel, on emploie مز *myz*, *miz*, *mouz*, *muz*; pour la deuxième كز *ñyz*, *ñiz*, *ñouz*, *ñuz*; et pour la troisième لرى *lary*, *leri*, سى *sy*, *si*, *sou*, *su*, et ى *y*, *i*, *ou*, *u*. Ce dernier n'est usité qu'avec le pronom pluriel; p. ex..

بزم بابامز	*bizim babamyz*, notre père.
انلرك قرداشى	*onlaryñ kardachy*, leur frère.
انلرك قرداشلرى	*onlaryñ kardachlary*, leurs frères.
بابالرى	*babalary*, leur père, leurs pères.
ابلرك باباسى	*onlaryñ babasy*, leur père.

Déclinaison des substantifs composés avec un pronom terminatif de la première personne, et dont le singulier se termine par une voyelle.

SINGULIER.

Nom.	بنم اغام	*benim agham*, mon maître.
Gén.	بنم اغامك	*benim aghamyñ*, de mon maître.
Dat.	بنم اغامه	*benim aghamà*, à mon maître.
Acc.	بنم اغامى	*benim aghamy*, mon maître.
Abl.	بنم اغامدن	*benim aghamdan*, de mon maître.

PLURIEL.

بزم اغامز	*bizim aghamyz,*	notre maître, etc.
اغامز	*aghamyz ,*	
اغالرم	*aghalarym* , mes maîtres.	
اغالرمز	*aghalarymyz* , nos maîtres.	

Nota. اغام *agham* seul signifie déjà *mon maître*, le pronom possessif n'y est ajouté que pour en faire mieux ressortir la signification; p. ex. : بنم اغام *benim agham* (mon maître, c'est-à-dire pas le tien).

Pronom terminatif de la première personne, ajouté aux substantifs qui finissent par une consonne.

SINGULIER.

Nom.	اوغلم	*oghloum* , mon fils.
Gén.	اوغلمك	*oghloumuñ* , de mon fils.
Dat.	اوغلمه	*oghloumà* , à mon fils.
Acc.	اوغلمی	*oghloumu* , mon fils,
Abl.	اوغلمدن	*oghloumdan* , de mon fils.

PLURIEL.

Nom.	اوغللرم	*oghoullarym* , mes fils, etc.

Pronom terminatif de la seconde personne, ajouté aux substantifs qui finissent par une voyelle.

Nom.	والدهك	*walidéñ* , ta mère.
Gén.	والدهككك	*walidéñiñ*, de ta mère.
Dat.	والدهكه	*walidéñé*, à ta mêre.
Acc.	والدهكی	*walidéñi* , ta mère.
Abl.	والدهكدن	*walidéñden* , de ta mère.

PLURIEL.

Nom.	والدهكز	*walidéñiz*, votre mère.

Aux substantifs qui finissent par une consonne.

SINGULIER.

Nom.	پدرك	*pederiñ*, ton père.
Gén.	پدركك	*pederiñiñ*, de ton père.
Dat	پدركه	*pederiñé*, à ton père.
Acc.	پدركى	*pederiñi*, ton père.
Abl.	پدركدن	*pederiñden*, de ton père.

PLURIEL.

Nom.	پدركز	*pederiñiz*, votre père, etc.

Pronom terminatif de la troisième personne, ajouté à un substantif qui finit par une voyelle.

SINGULIER.

Nom.	اناسى	*anasy*, sa mère.
Gén.	اناسينك	*anasynyñ*, de sa mère.
Dat.	اناسنه	*anasynà*, à sa mère.
Acc.	اناسنى	*anasyny*, sa mère.
Abl.	اناسندن	*anasyndan*, de sa mère, *ou* de leurs mères.

1er PLURIEL.

Nom.	انالرى	*analary*, leurs mères.
Gén.	انالرينك	*analarynyñ*, de leurs mères, etc.

2e PLURIEL.

Nom.	انلرك اناسى	*onlaryñ anasy*, leurs mères,
Gén.	انلرك اناسنك	*onlaryñ anasynyñ*, de leurs mères, etc.

Avec des substantifs terminés par une consonne.

SINGULIER.

Nom.	اوغلی	*oghlu*, son fils.
Gén.	اوغلنك	*oghlounuñ*, de son fils.
Dat.	اوغلنه	*oghlounà*, à son fils.
Acc.	اوغلنی	*oghlounu*, son fils.
Abl.	اوغلندن	*oghloundan*, de son fils.

PLURIEL.

اوغللری	*oghoullary*, leurs fils.
انلرك اوغلی	*onlaryñ oghlou*, leur fils.

Quoique ce soit une faute qu'il faut éviter, on ajoute souvent, dans la troisième personne, aux substantifs qui finissent par une consonne, deux espèces de pronoms terminatifs; p. ex.: آدم *adem, adam* (l'homme), آدمی *adamy*, آدمیسی *adamysy* (son homme, son agent, son serviteur, etc.), بر *bir* (un), بریسی *birisi* (un de ceux).

CHAPITRE VI.

Verbe (فعل *fi'il*).

Pour bien exposer la doctrine des verbes, on doit commencer par l'impératif, et donner l'explication des lettres qu'on y ajoute pour former les personnes et les tems ; p. ex. :

1. Si l'on ajoute un ر à سو *sev* (aime), on en fait سور *sever*, qui est la troisième personne du présent de l'indicatif, il aime.

2. En y ajoutant un د, on en fait le prétérit, qui, pour y distinguer la différence des personnes, reçoit à la fin les pronoms terminatifs, comme : سودم *sevdim* (j'ai aimé), سودك *sevdiñ* (tu as aimé), etc.

3. Si l'on ajoute un س, on en forme le conjonctif سوس *seves*, qui cependant n'est pas usité sans les pronoms terminatifs ; ainsi on dit سوسم *sevsem* (que j'aime).

4. Par la finale مك ou مق, on fait l'infinitif سومك *sevmek* (aimer), اوقومق *okoumak* (lire).

5. En ajoutant à la fin un ن, ر, ou يجى, on forme les participes du présent ; p. ex. : سون *seven*, سور *sever*, سويجى *sevidji* (aimant) ; par la syllabe مش, le participe du passé : سومش *sevmich* (aimé, qui a aimé).

6. Par un ش, se forme le substantif سوش

sevich (l'amour); dans ce cas, on omet aussi souvent le ش, car on dit : صورى *sourou* (la demande), طوغى *doghou* (la naissance), pour صورش *sorouch* et طوغش *doghouch*.

Les verbes sont ou actifs, passifs, transitifs et intransitifs.

Des verbes actifs et transitifs on fait d'autres verbes actifs et transitifs; c'est ainsi que s'expriment, par l'intercalation des lettres et des syllabes suivantes, entre l'impératif et le مك ou مق de l'infinitif, les diverses formes des verbes.

A. Par l'intercalation d'un ل, on fait le passif; par ex. : سولمك *sevilmek* (être aimé), اتلمق *atylmak* (être jeté), دوكلمك *döyulmek* (être battu). Souvent on met un ن au lieu du ل; p. ex. : اوقومق *okoumak* (lire, inviter), اوقنمق *okounmak* (être lu, être invité); المق *almak* (prendre, conquérir), النمق *alynmak* (être pris, conquis).

B. La syllabe در ou تر fait les transitifs; p. ex.: سودرمك *sevdirmek* (faire aimer, laisser aimer), الدرمق *aldyrmak* (faire prendre). Souvent cette forme du verbe est aussi produite par un ت ou

د seul ; p. ex. : اوقتمق *okoutmak* (faire lire, faire inviter, faire instruire), بلّهمك *bellémek* (faire attention), بلّتمك *belletmek* (faire faire attention, faire sentir), كتورتمك *gueturtmek* (faire apporter) چاغرتمق *tchaghyrtmak, tchyghyrtmak* (faire appeler, faire chercher).

C. Par la lettre ش , on forme les verbes coopératifs ; p. ex. : سوشمك *sevichmek* (s'aimer mutuellement), كورشمك *göruchmek* (s'entrevoir, se réunir pour se voir). De ces verbes coopératifs on fait le transitif avec در ou تر ; p. ex. : سوشدرمك *sevichdirmek* (faire qu'on s'aime mutuellement).

D. Par un ن , on rend les verbes réciproques ; p. ex. : سونمك *sevinmek*, qui, selon son radical, devrait signifier *s'aimer soi-même*, mais dont on se sert dans l'acception de *se réjouir, être gai ;* كورنمك *görunmek* (se montrer, se faire voir), بولنمق *boulounmak* (se trouver quelque part).

Toutes les formes diverses des verbes que nous venons de mentionner, deviennent négatives par l'intercalation d'un م avant le مك ou مق ; p. ex.: سوهمك *sevemmek* (ne pas aimer). La forme qui indique l'impossibilité se fait en plaçant ﻴﻪ , ﻩ , ا , comme négation, devant le مهك ou ممق ; p. ex.: سوهمهك *sevémemek* (ne pas pouvoir aimer), الامق *alâmamak* (ne pas pouvoir prendre).

A. FORMATION DES VERBES DÉRIVÉS.

(Voyez aussi l'appendice sur la formation des verbes sous H.)

---

1. *Du verbe actif* سومك *sevmek*, aimer.

Négatif :	سومهك	*sevmemek*, ne pas aimer.
Impossible :	سوهمهك	*sevémemek*, ne pas pouvoir aimer.

الهق *almak*, prendre, conquérir.

Nég. :	الهمق	*almamak*, ne pas prendre.
Imposs. :	الامق	*alâmamak*, ne pas pouvoir prendre ou conquérir.

2. *Verbe passif* سولمك *sevilmek*, être aimé.

Nég. :	سولمك	*sevilmemek*, ne pas être aimé.
Imposs. :	سولهمهك	*sevilémemek*, ne pas pouvoir être aimé.

D'où dérive le transitif سولدرمك *sevildirmek*, faire que quelqu'un soit aimé.

صوقلمق *sokoulmak*, être introduit.

Nég. :	صوقلهمق	*sokoulmamak*.
Imposs. :	صوقلهمق	*sokoulàmamak*.

De الमق *almak* on fait cependant النمق *alynmak*, être pris, conquis.

Nég. : النممق *alynmamak*.
Imp. : الندممق *alynàmamak*.

D'où est dérivé le transitif الندرمق *alyndyrmak*, faire que quelque chose soit prise.

3. *Forme transitive* سودرمك *sevdirmek*, faire aimer, faire que quelqu'un aime.

Nég. : سودرمهك *sevdirmemek*.
Imp. : سودرهمهك *sevdirémemek*.

4. *Forme coopérative* سوشمك *sevichmek*, s'aimer mutuellement.

Nég. : سوشمهك *sevichmemek*.
Imp. : سوشهمهك *sevichémemek*.

صوقشمق *sokouchmak*, se piquer mutuellement.

الشمق *alychmak*, n'est usité que dans la signification de s'accoutumer, être apprivoisé.

5. *Forme de la coopération mutuelle* كورنمق *görunmak*, se faire voir, بالنمق *balounmak*, se trouver, être quelque part, سونمك *sevinmek*, se réjouir.

Nég. : سونممك *sevinmemek*.
Imp. : سوندمهك *sevinémemek*.

De سونهك on fait le transitif سوندرمهك *sevindirmek*, causer de la joie à quelqu'un.

Nég. : سوندرممق *sevindirmemek*.
Imp. : سوندرهممق *sevindirémemek*.

B. FORMATION DES VERBES DÉRIVÉS DE SUBSTANTIFS.

A. Par les syllabes لمك placées après le mot, si sa dernière lettre est faible, on forme des verbes neutres actifs ; p. ex. :

كيجه *guidjé* (*guedjé*), la nuit, se fait كيجه لمك *guedjélemek*, passer la nuit quelque part.

كومش *gumuch*, argent, كومشلمك *gumuchlemek*, argenter.

B. Par les syllabes لمق après les lettres dures :

مهر *möhr* (*möhur*), cachet, مهرلمق *möhurlemek*, cacheter.

يارى *yary*, la moitié, ياريلمق *yarylamak*, arriver jusqu'à la moitié.

التون *altun* (*altun*), l'or, التونلمق *altynlamak*, dorer.

يالدز *yaldyz*, ducat de Venise, يالدزلمق *yaldyzlamak*, dorer.

C. Par les syllabes لنمق et لنمك se forment les verbes neutres passifs ; p. ex. :

دلكى *dilki* (*tilki*) le renard, دلكيلنمك *tilkilenmek*, flatter, remuer la queue comme un renard.

شبهه *chuphé* (*chifé*), } doute, soupçon, se fait :
اشكل *chikil*, }

شبهه لنمك *chupélenmek* (*chifélenmek*), } avoir du soupçon sur quelqu'un, se méfier de lui.
اشكللنمك *ichkillenmek*, }

او *ev*, maison, اولنمك *evlenmek*, avoir une maison, tenir maison, se marier.

طوكز *doñouz* (*domouz*), porc, cochon. طوكزلنمق *domouzlanmak*, être ou agir comme un cochon.

خروس *khoros*, coq, خروسلنمق *khoroslanmak*, marcher fier comme un coq.

هوا *heva*, air, atmosphère, هوالنمق *hevalanmak*, voler dans les airs.

C. FORMATION DES VERBES DÉRIVÉS D'ADJECTIFS.

كوزل *guzel*, beau, كوزللنمك *guzellenmek*, embellir.

Transitif :

كوزللندرمك *guzellendirmek*, كوزللتمك *guzeletmek*, rendre plus beau.

دريك *deriñ*, profond, دريكلنمك *deriñlenmek*, devenir profond.

Transitif :

دريكلندرمك *deriñlendirmek*, et دريكلتمك *deriñletmek*, rendre plus profond.

بلمز *bilmez*, ignorant, بلمزلنمك *bilmezlenmek*, faire l'ignorant.

كورمز *görmez*, qui ne voit pas, كورمزلنمك *görmezlenmek*, faire semblant de ne pas voir.

Il y a plusieurs adjectifs dont on peut former des verbes de diverses manières :

1. Avec لمك ou لمق ; p. ex. :

از *az*, peu, ازلمق *azalmak*, diminuer.

اكرى *eyri*, courbé, de travers, اكريلمك *eyrilmek*, devenir courbé, devenir fait de travers.

انجه *indjé*, mince, انجلمك *indjelmek*, devenir mince.

پك *pek*, dur, fort, پكلمك *pekelmek*, devenir dur, fort.

بوش *boch*, vide, بوشلمق *bochalmak*, se vider, devenir vide.

چوق *tchok*, beaucoup, چوغلمق *tchoghalmak*, s'augmenter.

طار دار *dar*, étroit, طارلمق دارلمق *daralmak*, devenir plus étroit.

طرغوى *doghrou*, droit, طوغرلمق *doghroulmak*, devenir droit.

طورو *dourou*, clair, طورلمق *douroulmak*, s'éclaircir, devenir clair.

سرت *sert*, dur, سرتلمق *sertelmek*, durcir, devenir dur.

صاغ *sagh*, sain, صاغلمق *saghalmak*, devenir bien portant, recouvrer la santé.

قويو *koyou*, épais, قويلمق *koyoulmak*, s'épaissir.

كنج *guendj*, jeune, كنجلمك *guendjelmek*, rajeunir.

كور *kior*, aveugle, كورلمق *kioralmak*, devenir aveugle.

2. Les adjectifs qui finissent en ك ou ق perdent ces finales ; p. ex. :

اچق *atchyk*, ouvert, serein, اچلمق *atchylmak*, s'ouvrir.

كچوك *kutchuk*, petit, كچولمك *kutchulmek*, devenir petit, diminuer.

يوكسك *yuksek*, haut, يوكسلمك *yukselmek*, devenir plus haut.

3. Quelques adjectifs changent de finale et prennent un ر avant مك ou مق ; p. ex. :

اق *ak*, blanc, اغرمق *agharmak*, blanchir,
دلى *deli*, fou, دليرمك *delirmek*, devenir fou.
صارى *sary*, jaune, صاررمق *sararmak*, jaunir, devenir pâle.
قره *karà*, noir, قرارمق *kararmak*, noircir, devenir noir.
كوك *gök*, bleu, كوكرمك *göyermek*, devenir bleu.
مور *mor*, brun, موررمق *morarmak*, devenir brun.
ياش *yach*, humide, ياشرمق *yacharmak*, devenir humide.

Exception : يشل *jechil*, vert, يشرمك *jechermek*, devenir vert.

4. Les adjectifs suivans perdent les finales ك ou ق quand on en fait des verbes :

اراق *yrak*, / اوزاق *ouzak*, } loin, éloigné, { ارامق *yramak*, / اوزامق *ouzamak*, } s'éloigner.
بيوك *böyuk*, grand, بيومق *böyumek*, grandir.
صووق *sowouk*, froid, صوومق *sowoumak*, refroidir, devenir froid.
كوشك *gueochek*, flasque, relâché, كوشمك *gueochémek*, devenir flasque.
يمشاق / يومشاق / يومشق } *youmchak*, doux, tendre, يمشامق يومشمق *yumchamak*, devenir plus doux, plus tendre.

Exceptions : طوق *tok*, rassasié, طويمق *doymak*, être rassasié. يقين *yakyn*, près, يقلشمق *yaklachmak*, s'approcher.

5. On fait aussi des verbes d'adjectifs en plaçant un ن avant مك ou مق ; p. ex. :

بوش *boch*, délivré, بوشنمق *bochanmak*, être délivré de quelque chose.

اسّی *issi*, chaud, اسّینمق *yssynmak*, devenir chaud, se chauffer.

6. Les verbes suivans ne se font que par les finales مق ou مك ajoutées aux adjectifs :

اكشی *ekchi*, sûr, aigre, اكشمك *ekchimek*, devenir sûr, aigrir.

قورو *kourou*, sec, قورومق *kouroumak*, sécher.

7. Pour en faire des transitifs, on n'intercale souvent qu'un ت devant مك ou مق, au lieu de لتمق ou لتمك ; p. ex. :

اری *ary*, net, pur, اریتمق *arytmak*, nettoyer, purifier.
دوز *duz*, uni, droit, دوزتمك *duzetmek*, aplanir.
پك *pek*, dur, پكتمك *pekitmek*, attacher, fermer.
بوش *boch*, vide, بوشتمق *bochatmak*, vider.
قورو *kourou*, sec, aride, قوروتمق *kouroutmak*, sécher, rendre aride.

Les adjectifs de plusieurs syllabes, et qui finissent par ك ou ق, perdent, comme nous l'avons déjà dit, cette finale ; p. ex. :

اراق *yrak*,	loin, éloigné,	اوزاق *yratmak*,	s'éloigner.
اوزاق *ouzak*,		اوزاتمق *ouzatmak*,	

Pour indiquer la répétition de l'action des verbes, on se sert des mots كلمك *guelmek*, كورمك *görmek*, ياتمق *yatmak*, et طورمق *dourmak*, par exemple :

اولى كلمك *oli* (*ola*) *guelmek*, *görmek*, être souvent, être communément, faire ordinairement.

دیه كلمك كورمك *deyé guelmek*, *görmek*, dire souvent.

ايله كورمك *edé görmek*, avoir l'habitude de faire.

كيدوب ياتور *guidup yatur*, il marche toujours.

واروب كلمك *varup guelmek*, fréquenter.

يازوب طورمق *yazup dourmak*, toujours écrire, écrire sans interruption.

Dans la conjugaison ces verbes gardent ces participes, comme :

ييوب طوررم *yeyub dourouroum*, je mange sans interruption.

ياتوب طورر *yatub dourour*, il est toujours couché.

بو مومى نه ياقوب ياقر ياتورسك طوررسك اوتوررسك يوررسك *bou momu né yakup* ou *yakar yatyrsyñ*, *douroursouñ*, *outouroursouñ yurursun*, pourquoi laisses-tu brûler toujours cette bougie?

صباحه دكن يازر ياتورم *sabahà deguin* (*dek*) *yazar yatyrym*, j'écrirai jusqu'à demain matin.

بتون كون صوقاقده كزر يورردى *butun gun sokakdà guezer yururdu*, il marcha pendant toute la journée dans la rue.

Vulgairement on exprime la répétition de l'action encore d'une autre manière; elle consiste à ajouter à l'impératif du verbe les lettres ا و et ى, en répétant partout le verbe deux fois ; p. ex. :

كلى كلى وير *gueli gueli veri*, viens toujours, viens souvent.

واره واره وارديلر *varà varà vardylar*, après avoir marché longtems, ils arrivèrent.

الى الى ويردم *aly aly verdim*, j'ai toujours pris.

اولى اولى ويرديلر *ölu ölu verdiler*, ils moururent subitement.

On emploie aussi dans le même but les finales يورر ou يور, qu'on ajoute au présent ou à l'imparfait passé de l'indicatif ; p. ex. :

اورويورم *ourouyorum*, je bats sans discontinuer.

كورويورم *goruyorum*, je vois déjà.

ييويورم *yeïyorum*, je mange déjà.

اليپوردم *alyyordoum*, je prends déjà.

Les verbes médiatifs sont formés de la manière suivante :

قرنم اج *karnym adj*, } j'ai faim.
قرنم اجدر *karnym adjdyr*, }

قرنم اجقدى *karnym adjykdy*, je suis devenu affamé, j'ai pris appétit.

صوسادم *sousadym*, } j'ai soif, je suis altéré.
صوسزم *sousouzoum*, }

صوسارم *sousarym*, je viens d'avoir soif.

اويقوم وار *ouyoukoum var*, j'ai sommeil.

اويقوم كلدى *ouyoukoum gueldi*, le sommeil m'a pris.

اشيجكم وار كلدى *ichcyedjym var*, *gueldi*, je veux lâcher l'eau.

Les verbes auxiliaires actifs sont :

ایتمك *itmek* (*etmek*),		
ایلمك *iylemek*, (*eylemek*),		faire.
قلمق *kylmak*,		

بیورمق *bouyourmak*, ordonner, vouloir.

کرم ایت ایله قل بیور کل *kerem et*, *eylé*, *kyl*, *boyour guel*, veuillez venir, ayez la bonté de venir.

Les verbes passifs sont :

اولنمق *olounmak*, قلنمق *kylynmak*, بیورلمق *bouyouroulmak*, être, devenir.

Les mots qui, pour former des verbes complets, doivent se joindre aux verbes auxiliaires, se font avec اولمق *olmak*; p. ex. :

حاضر اولمق *hazyr olmak*, être prêt; کج اولمق *guetch olmak*, se retarder.

A tous les participes arabes on ajoute également اولمق *olmak* (être, devenir); p. ex. : صادر اولمق *sadyr olmak* (jaillir, prendre son origine). On emploie aussi بولمق *boulmak* (trouver) : صدور بولمق *soudour boulmak* (trouver un écoulement).

ظاهر اولمق *zahir olmak*,	sortir, se montrer.
ظهور ایتمك *zouhour etmek*,	

On peut aussi les faire avec بولمق *boulmak* dans

la première, et avec كلمق *guelmek* dans la troisième terminaison ; p. ex. :

وجود بولمق	*vidjoud boulmak*,	prendre origine, jaillir.
وجوده كلمك	*vidjoudé guelmek*,	

Avec يمك *yemek* (manger), غم يمك *ghem yemek* (s'attrister, souffrir) :

طياق يمك *dayak yemek*, recevoir des coups.

Avec ايچمك *itchmek* (boire) :

اند ايچمك	*and itchmek*,	jurer, prêter serment.
يمين ايچمك	*yemin itchmek*,	

Avec كورمك *görmek* (voir, souffrir) :

دوستلق كورمك *dostlouk görmek* (voir de l'amitié), être régalé.
ضرر كورمك *zarar görmek*, souffrir du dommage.
تدارك كورمك *tedarik görmek*, se munir de quelque chose.
حاضرلق كورمك *hazyrlyk görmek*, être prêt (à partir).

Dans les formes actives on compose ces mots avec كوسترمك *göstermek* et avec ويرمك *vermek* ; p. ex. :

ضرر زيان كوسترمك ويرمك *zarar*, *ziyan göstermek*, *vermek*, occasioner des dommages.

دوستلق كوسترمك *dostlouk göstermek*, montrer de l'amitié.

يمين ويرمك *yemin vermek*, faire prêter serment.

Le verbe بلمك *bilmek* signifie aussi bien *savoir* que *pouvoir;* s'il est construit avec la troisième personne du présent de l'optatif, il désigne la possibilité d'une chose ; p. ex. :

ايده بلمك *edé bilmek*, pouvoir faire.
يازه بلمك *yazà bilmek*, savoir écrire.
يوزه بلمك *yuzé bilmek*, savoir nager.

Joint à l'infinitif d'un verbe, il désigne le savoir; par exemple :

ايتمك بلمك *etmek bilmek*, savoir comment on fait quelque chose.
يازمق بلمك *yazmak bilmek,* avoir appris à écrire, connaître l'art d'écrire.
يوزمق بلمك *yuzmek bilmek,* savoir nager, connaître l'art de nager.

D. CONJUGAISON DES VERBES AUXILIAIRES.

Le verbe ايم *im*, je suis; négatif : دكل ايم *deyil im*, je ne suis pas.

ACTIF. — PRÉSENT.

SINGULIER.

Pers.		
1re	ايم	*im*, *ym*, *oum*, *um*, je suis.
2e	سك	*siñ*, *syñ*, *souñ*, *sun*, tu es.
3e	در	*dir*, *dyr*, *dour*, *dur*, il est.

PLURIEL.

1re	ايز	*iz*, *yz*, *ouz*, *uz*, nous sommes.

2e سکز *siñiz, syñyz, sounuz, sunouz*, vous êtes.

3e درلر *dirler, dyrlar, dourlar, durler*, ils sont.

Nota. Les premières personnes du singulier et du pluriel s'écrivent aussi sans ی ainsi que ام et از. Si l'on doit les joindre au mot précédent, on supprime également le ا dans le singulier et dans le pluriel de tous les tems; par ex. : عقللوام *akylly ym*, je suis avisé; کوزلم *guzel im*, je suis beau; pluriel عقللواز *akylly yz*, کوزلز *guzeliz*.

On entend cependant toujours les deux mots dans la prononciation, car on dit بن ايم *ben im*, je suis, et non pas بنم *benim* (mon); کوزل ام *guzel im* (je suis beau), et non pas کوزلم *guzelim* (mon bel), etc.

IMPARFAIT PASSÉ ET PREMIER PRÉSENT.

SINGULIER.

1re ايدم *idim, ydym, oudoum, udum*, j'étais, j'ai été.

2e ايدك *idiñ*, tu étais.

3e ادی *idi*, il était.

PLURIEL.

1re ايدك *idik, ydyk, oudouk, uduk*, nous étions.

2e ايديکز *idiñiz*, vous étiez.

3e ايديلر *idiler*, ils étaient.

Ici on supprime aussi le ا et le ی, دم, دك, etc.

SECOND PRÉSENT.

SINGULIER.

1re ايمشم *imichim*, j'ai été.

2e { ايمشسك *imichsiñ*, / ايمشك *imichiñ*, } tu as été.

3e ايمش *imich*, il a été.

PLURIEL.

1re ايمشز *imichiz*, nous avons été.

2e { ايمشكز *imichiñiz*, / ايمشسكز *imichsiñiz*, } vous avez été.

3e { ايمشلر *imichler*, / ايمشدرلر *imichdirler*, } ils ont été.

En composition, comme plus haut, مشم *michim*, etc.

PLUS-QUE-PARFAIT.

SINGULIER.

ايمش ايدم *imich idim*, j'avais été, comme dans ايدم *idim*; ايمش *imich*, n'est pas changé, de même مشدم *michdim*, etc.

CONJONCTIF. — PRÉSENT.

SINGULIER.

1re ايسم *isem*, que je sois.

2e ايسك *iseñ*, que tu sois.

3e ايسه *isé*, qu'il soit.

PLURIEL.

1re ايسك *isek*, que nous soyons.

2e ايسكز *iseñiz*, que vous soyez.

3e ايسه لر *iséler*, qu'ils soient.

On supprime ici également le ا dans les composés et on écrit سم *sem*, etc.

IMPARFAIT PASSÉ.

SINGULIER.

1re ايسيدم *iseydim*, que je fusse.

2e ايسيدك *iseydiñ*, que tu fusses.

3e ايسيدى *iseydi*, qu'il fût.

PLURIEL.

1re ايسيدك *iseydik*, que nous fussions.
2e ايسيدكز *iseydiñiz*, que vous fussiez.
3e { ايسيديلر *iseydiler*, / ايسه‌لردى *isélerdi*, } qu'ils fussent.

PRÉTÉRIT.

SINGULIER.

1re ايمش ايسم *imich isem*, que j'aie été.
2e ايمش ايسك *imich iseñ*, que tu aies été.
3e ايمش ايسه *imich isé*, qu'il ait été.

PLURIEL.

1re ايمش ايشك *imich isek*, que nous ayons été.
2e ايمش ايسكز *imich iseñiz*, que vous ayez été.
3e ايمش ايسه‌لر *imich iséler*, qu'ils aient été.

GÉRONDIF.

ايكن *iken* (كن *ken*), étant.

ايدوك *iduk*, (*idik*) *ydyk*, *oudouk*, *uduk*, (l'être), p. ex. :

انك كم ايدوكنى بلم *onouñ kim idiyini bilmem*, je ne sais pas ce qu'il est, ou ce qu'il a été.

PARTICIPE. — PASSÉ.

ايمش *imich*, été, devenu.

Pour rendre négatif le verbe ايم *im*, on le fait précéder par le mot دكل *deyil*.

INDICATIF. — PRÉSENT.

دكل ايم *deyil im*, je ne suis pas, etc.

IMPARFAIT PASSÉ.

دكل ايدم *diyil idim*, je n'étais pas, etc.

PRÉTÉRIT.

دكل ايمشم *diyil imichim*, je n'ai pas été.

Le verbe *avoir* est rendu en turk par واردر *vardyr* ou وار *var*, en y ajoutant les pronoms personnels. La forme négative en est يوقدر *yokdour*, ou simplement يوق *yok* ; p. ex. :

بنم اقجه‌م وار *benim akdjém var*, j'ai de l'argent.
سنك اوك وار *seniñ ewiñ var*, tu as ta maison.
انك باباسى وار *onouñ babasy var*, il a un père.

Pour parler avec plus de précision, on met le substantif après le verbe ; p. ex. :

بنم وار اقجه‌م *benim var akdjém*, j'ai de l'argent.
سنك وار اوك *seniñ var ewiñ*, tu as ta maison.

INDICATIF. — PRÉSENT.

SINGULIER.

1re بنم وار *benim var*, j'ai.
2e اسنك وار *seniñ var*, tu as.
3e انك وار *onouñ var* ou *vardyr*, il a.

PLURIEL.

1re بزم وار *bizim var*, nous avons.
2e سزك وار *siziñ var*, vous avez.
3e انلرك وار *onlaryñ var* ou *vardyr*, ils ont.

IMPARFAIT PASSÉ.

SINGULIER.

بنم وار ايدى *benim var idi (ydy)*, j'avais, se conjugue comme ايدى.

PLUS-QUE-PARFAIT.

SINGULIER.

بنم وار ايمش *benim var ymych*, j'avais eu, etc.

CONJONCTIF. — PRÉSENT.

SINGULIER.

1re بنم وار ايسه *benim var ysé*, que j'aie.
2e سنك وار ايسه *seniñ var ysé*, que tu aies.
3e انك وار ايسه *onouñ var ysé*, qu'il ait.

PLURIEL.

بزم *bizim*, سزك *siziñ*, انلرك وار ايسه *onlaryñ var ysé*, que nous ayons, etc.

IMPARFAIT PASSÉ.

SINGULIER.

بنم وار ايسه ايدى *benim var isé idi*, que j'eusse.
سنك انك وار ايسيدى *seniñ, onouñ, var ysé idi*, que tu eusses, etc.

CONJUGAISON DES VERBES NÉGATIFS.

INDICATIF. — PRÉSENT.

SINGULIER.

بنم سنك انك يوق *benim*, *seniñ*, *onouñ*, *yok*, je n'ai pas, tu n'as pas, il n'a pas, etc.

IMPARFAIT.

SINGULIER.

يوغيدى	بنم	*benim*	
	سنك	*seniñ*	*yoghudou*, je n'avais pas, etc.
	انك	*onouñ*	

PLURIEL.

يوغيدى	بزم	*bizim*	
	سزك	*sizin*	*yoghudou*, nous n'avions pas, etc.
	انلرك	*onlaryñ*	

PLUS-QUE-PARFAIT.

SINGULIER.

بنم يوق ايمش	*benim yok imich*,	je n'avais pas eu, etc.
بنم يوغمش	*benim yoghumouch*,	

CONDITIONNEL. — PRÉSENT.

SINGULIER.

يوغيسه	بنم	*benim*		que je n'aie pas.
	سنك	*seniñ*	*yoghusà*,	que tu n'aies pas.
	انك	*onouñ*		qu'il n'ait pas.

Le pluriel se fait comme celui de وار, c'est-à-dire en remplaçant وار par يوق.

PRÉTÉRIT.

SINGULIER.

يوغسيدى	بنم *benim*		
	سنك *seniñ*	*yoghiseïdi*, que je n'aie pas eu, etc.	
	انك *onouñ*		

E. CONJUGAISON DU VERBE AUXILIAIRE

اولمق *olmak*, être, devenir.

INDICATIF. — PRÉSENT.

SINGULIER.

1re اولورم *olouroum*, je deviens.

2e اولورسك *oloursouñ*, tu deviens.

3e اولور *oulour*, il devient.

PLURIEL.

1re اولورز *olourouz*, nous devenons.

2e اولورسكز *oloursouñouz*, vous devenez.

3e اولورلر *olourlar*, ils deviennent.

PREMIER IMPARFAIT PASSÉ.

SINGULIER.

1re اولوردم *olourdum*, je devins.

2e اولوردك *olourdouñ*, tu devins.

3e اولوردى *olourdu*, il devint.

PLURIEL.

1re اولوردق *olourdouk*, nous devînmes.

2e اولورديكز *olourduñouz*, vous devîntes.

3e { اولورديلر *olourdular*, / اولورلردى *olourlardy*, } ils devinrent.

SECOND IMPARFAIT PASSÉ.

SINGULIER.

1re اولورايمشم *olourumouchoum*, je devenais.

2e { اولورايمشسك *olourumouchouñ*, / اولورايمشك *olourumouchouñ*, } tu devenais.

3e اولورايمش *olourumouch*, il devenait.

PLURIEL.

1re اولورايمشز *olourumouchouz*, nous devenions.

2e { اولورايمشسكز *olourumouchouñouz*, / اولورايمشكز *olourumouchouñouz*, } vous deveniez.

3e { اولورلرمش *olourlarymych*, / اولورايمشلر *olourumouchlar*, } ils devenaient.

Nota. Pour donner une signification plus déterminée à ces trois tems, on y peut aussi intercaler la syllabe يور *yor*, qui signifie *déjà*, *passablement;* p. ex. :

اولويورم *olouyoroum*, je devins déjà.
اولويوردم *olouyordoum*, je devenais déjà.
اولويورايمشم *olouyorumouchoum*, je devenais ainsi.

PREMIER PRÉTÉRIT.

SINGULIER.

1re اولدم *oldoum*, je suis devenu.

2e اولدك *oldouñ*, tu es devenu.

3e اولدى *oldu*, il est devenu.

PLURIEL.

1re	اولدق	*oldouk*, nous sommes devenus.	
2e	اولدکز	*oldouñouz*, vous êtes devenus.	
3e	اولدیلر	*oldular*, ils sont devenus.	

SECOND PRÉTÉRIT.

SINGULIER.

1re	اولمشم	*olmouchoum*, je suis devenu.	
2e	اولمشسك	*olmouchsouñ*,	tu es devenu.
	اولمشك	*olmouchouñ*,	
3e	المش	*olmouch*,	il est devenu.
	اولمشدر	*olmouchdour*,	

PLURIEL.

1re	اولمشز	*olmouchouz*, nous sommes devenus.	
2e	اولمشسکز	*olmouchsouñouz*,	vous êtes devenus.
	اولمشکز	*olmouchouñouz*,	
3e	اولمشلر	*olmouchlar*,	ils sont devenus.
	اولمشلردر	*olmouchlardyr*,	
	اولمشدرلر	*olmouchdourlar*,	

PLUS-QUE-PARFAIT.

SINGULIER.

1re	اولمش ایدم	*olmouchudoum*,	j'étais devenu.
	اولمشدم	*olmouchdoum*,	
2e	اولمش ایدك	*olmouchudouñ*,	tu étais devenu.
	اولمشدك	*olmouchdouñ*,	
3e	اولمش ایدی	*olmouchudu*,	il était devenu.
	اولمشدی	*olmouchdu*,	

PLURIEL.

1re	اولمشدق	*olmouchoudouk*,	nous étions devenus.
	اولمش ايدك	*olmouchudouk*,	
2e	اولمش ايدكز	*olmouchudouñouz*,	vous étiez.
	اولمشدكز	*olmouchdouñouz*,	
3e	اولمش ايديلر	*olmouchudular*,	ils étaient.
	اولمشديلر	*olmouchdular*,	
	اولمشلردى	*olmouchlardy*,	
	اولمشلرايدى	*olmouchlarydy*,	

PREMIER FUTUR.

SINGULIER.

اولورم *olouroum*, je deviendrai; se conjugue comme le présent.

SECOND FUTUR.

SINGULIER.

1re	اولاجغم	*oladjaghym*, je deviendrai.	
2e	اولاجقسك	*oladjaksyñ*, tu deviendras.	
3e	اولاجق	*oladjak*,	il deviendra.
	اولاجقدر	*oladjakdyr*,	

PLURIEL.

1re	اولاجغز	*oladjaghyz*, nous deviendrons.	
2e	اولاجقسكز	*oladjaksyñyz*, vous deviendrez.	
3e	اولاجقلر	*oladjaklar*,	ils deviendront.
	اولاجقدرلر	*oladjakdyrlar*,	

TROISIÈME FUTUR.

SINGULIER.

1re اولايم *olayim*, je deviendrai.

2e	اولاسك	*olasyñ*, tu deviendras.
3e	اولا	*ola*, il deviendra.

PLURIEL.

1re	اولالم	*olalym*, nous deviendrons.
2e	اولاسكز	*olasyñyz*, vous deviendrez.
3e	اولالر	*olalar*, ils deviendront.

QUATRIÈME FUTUR.

SINGULIER.

1re	اولملو ايم	*olmalu ym*, je dois devenir.	
2e	اولملوسك	*olmalusyñ*, tu dois devenir.	
3e	اولملو	*olmalu*,	il doit devenir.
	اولملودر	*olmaludyr*,	

PLURIEL.

1re	اولملوايز	*olmaluyz*, nous devons devenir.
2e	اولملوسكز	*olmalusyñyz*, vous devez devenir.
3e	اولملودرلر	*olmaludyrlar*, ils doivent devenir.

CINQUIÈME FUTUR.

SINGULIER.

كرك	اولسم	*olsam*	*guerek*,	je dois devenir.
	اولسك	*olsañ*		tu dois devenir.
	اولسه	*olsà*		il doit devenir.

PLURIEL.

كرك	اولسق	*olsak*	*guerek*,	nous devons devenir.
	اولسكز	*olsañyz*		vous devez devenir.
	اولسهلر	*olsàlar*		ils doivent devenir.

IMPÉRATIF.

SINGULIER.

2e اول *ol*, sois, deviens.
3e اولسون *olsoun*, qu'il soit, qu'il devienne.

PLURIEL.

1re اولالم *olalym*, soyons, devenons.
2e { اولك *olouñ*, / اولكز *olouñouz*, } soyez, devenez.
3e اولسونلر *olsounlar*, qu'ils soient, qu'ils deviennent.

OPTATIF. — PRÉSENT ET FUTUR.

SINGULIER.

1re اولام اولهم *olam*, que je sois.
2e اولاسك *olasyñ*, que tu sois.
3e اولا اوله *olà*, qu'il soit.

PLURIEL.

1re { اولاوز *olawouz*, / اولايز *olayouz* (*olayiz*), } que nous soyons.
2e اولاسكز *olasyñyz*, que vous soyez.
3e اولالر *olalar*, qu'ils soient.

Nota. On confond souvent اولام *olam* avec اولسم *olsam*, si je suis.

PREMIER PRÉTÉRIT.

SINGULIER.

1re { اولايدم *olaydym*, / اولا ايدم *ola idim*, } que je fusse.

2e	اولايدك	*olaydyñ*,	que tu fusses.
	اولا ايدك	*ola idiñ*,	
3e	اولايدى	*olaydy*,	qu'il fût.
	الا ايدى	*ola idi*,	

PLURIEL.

1re	اولايدق	*olaydyk*,	que nous fussions.
2e	اولايدكز	*olaydyñyz*,	que vous fussiez.
3e	اولايديلر	*olaydylar*,	qu'ils fussent.
	اولالردى	*olalardy*,	

Nota. On confond aussi ce tems avec اولسيدم *olsaydim*, si j'étais.

SECOND PRÉTÉRIT.

SINGULIER.

اولورم *olourdoum*, que je devinsse; se conjugue comme l'imparfait passé de l'indicatif.

PRÉSENT ET FUTUR.

اولمش اولام *olmouch olam*, que je sois devenu, etc.

PLUS-QUE-PARFAIT.

اولمش اوليدم *olmouch olaydym*, que je fusse devenu.

CONDITIONNEL. — PRÉSENT ET FUTUR.

SINGULIER.

1re	اكر اولورسم	*eyer oloursam*, si je deviens.
2e	اكر اولورسك	*eyer oloursañ*, si tu deviens.
3e	اكر اولورسه	*eyer oloursà*, s'il devient.

PLURIEL.

1re	اكر اولورسق	*eyer oloursak*, si nous devenons.

2e	اكر اولورسكز	*eyer oloursañyz*, si vous devenez.	
3e	اكر اولورلرسه	*eyer olourlarsà*,	s'ils deviennent.
	اكر اولورسەلر	*eyer oloursàlar*,	

PRÉSENT ET IMPARFAIT PASSÉ.

SINGULIER.

1re	اولسم	*olsam*, si j'étais.
2e	اولسڭ	*olsañ*, si tu étais.
3e	اولسه	*olsà*, s'il était.

PLURIEL.

1re	اولسق	*olsak*, si nous étions.
2e	اولسكز	*olsañyz*, si vous étiez.
3e	اولسەلر	*olsàlar*, s'ils étaient.

Nota. On confond souvent ce tems avec le présent et le futur de l'optatif اولم *olam*.

IMPARFAIT ET PLUS-QUE-PARFAIT PASSÉ.

SINGULIER.

1re	اولسيدم	*olsaydim*,	si je fusse, *ou* si j'eusse été.
	اولسه ايدم	*olsà idim*,	
2e	اولسه ايدڭ	*olsà idiñ*,	si tu fusses, *ou* si tu eusses été.
	اولسيدڭ	*olsaydyñ*,	
3e	اولسه ايدى	*olsà idi*,	s'il fût, *ou* s'il eût été.
	اولسيدى	*olsaydy*,	

PLURIEL.

1re	اولسه ايدك	*olsà idik*,	si nous fussions, *ou* si nous eussions été.
	اولسيدق	*olsaydik*,	

2e	اولسه ایدیکز	*olsà idiñiz*,	si vous fussiez, *ou* si vous eussiez été.
	اولسیدکز	*olsaydyñyz*,	
3e	اولسه ایدیلر	*olsà idiler*,	s'ils fussent, *ou* s'ils eussent été.
	اولسیدیلر	*olsaydylar*,	
	اولسهلردی	*olsàlardy*,	

PARFAIT PASSÉ.

SINGULIER.

اولمش ایسم	*olmuch isem*,	si je suis devenu, etc.
اولدی ایسم	*oldu isem*,	
اولدم ایسه	*oldum isé*,	

PLUS-QUE-PARFAIT PASSÉ.

SINGULIER.

اولمش اولسه ایدم	*olmouch olsà idim*,	si je fusse devenu, etc.
اولمش اولسیدم	*olmouch olsaydym*,	
اولمش اولسم ایدی	*olmouch olsam idi*,	

INFINITIF. — PRÉSENT.

اولمق *olmak*, اولمه *olmà*, être, devenir.

PASSÉ.

اولمش اولمق *olmouch olmak*, être, devenu.

FUTUR.

اولاجق اولمق *oladjak olmak*, aller, devenir.

GÉRONDIF. — PRÉSENT.

اولورایکن اولورکن *olour iken*, *olourken*, étant.

PASSÉ.

اولوب *oloup*, étant devenu.

PARTICIPE.

اولور *olour*, ce qui est, devient, peut devenir.
اولان *olan*, ce qui est devenu, ce qui se fait encore.
اولمش *olmouch*, ce qui est devenu.
اولاجق *oladjak*, ce qui sera, deviendra.
اولملو *olmalu*, ce qui doit être, devenir.
اولالى *olaly*, depuis que quelque chose est devenu, a été fait.

CONJUGAISON D'UN VERBE RÉGULIER.

INDICATIF. — PREMIER PRÉSENT.

SINGULIER.

1re سورم *severim*, j'aime.
2e سورسك *seversiñ*, tu aimes.
3e سور *sever*, il aime.

PLURIEL.

1re سورز *severiz*, nous aimons.
2e سورسكز *seversiñiz*, vous aimez.
3e سورلر *severler*, ils aiment.

SECOND PRÉSENT ACTUEL.

SINGULIER.

1re سويورم *seviyoroum*, j'aime à présent, encore.
2e سويورسك *seviyorsuñ*, tu aimes, etc.
3e سويور *seviyor*, il aime, etc.

PLURIEL.

1re سويورز *seviyorouz*, nous aimons, etc.

2e	سویورسکز	*seviyorsuñouz*, vous aimez, etc.	
3e	سویورلر	*seviyorlar*, ils aiment, etc.	

PREMIER IMPARFAIT PASSÉ.

SINGULIER.

1re	سورایدم	*sever idim*,	j'aimais.
	سوردم	*severdim*,	
2e	سورایدک	*sever idiñ*,	tu aimais.
	سوردک	*severdiñ*,	
3e	سورایدی	*sever idi*.	il aimait.
	سوردی	*severdi*,	

PLURIEL.

1re	سورایدک	*sever idik*,	nous aimions.
	سوردک	*severdik*.	
2e	سورایدکز	*sever idiñiz*,	vous aimiez.
	سوردیکز	*severdiñiz*.	
3e	سورایدیلر	*sever idiler*,	ils aimaient.
	سوردیلر	*severdiler*.	

Nota. On intercale aussi ici la syllabe یور, comme au second présent ; p. ex. : سویورایدم *seveyor idim*, ou سویوردم *seveyordoum*, dans le moment où j'aimais.

IMPARFAIT.

SINGULIER.

1re	سورایمشم	*sever imichim*,	j'aimais (un jour).
	سورمشم	*sever michim*,	
2e	سورایمشسک	*sever imichsiñ* (*sever imichiñ*),	tu aimais (un jour).
	سورمشسک	*severmichsin* (*severmichiñ*),	
3e	سورایمش	*sever imich*.	il aimait (un jour).
	سورمش	*severmich*.	

PREMIER PRÉTÉRIT PASSÉ.

SINGULIER.

1re سودم *seodim*, j'ai aimé.
2e سودك *seodiñ*, tu as aimé.
3e سودی *seodi*, il a aimé.

PLURIEL.

1re سودك *seodik*, nous avons aimé.
2e سوديكز *seodiñiz*, vous avez aimé.
3e سوديلر *seodiler*, ils ont aimé.

SECOND PRÉTÉRIT PASSÉ.

SINGULIER.

1re سومشم *seomichim*, j'ai aimé (incertain, comme presque oublié, comme en songe).
2e سومشسك *seomichsiñ* (*seomichiñ*), tu as aimé.
3e { سومش *seomich*, سومشدر *seomichdir*, } il a aimé.

PLURIEL.

1re سومشز *seomichiz*, nous avons aimé.
2e سومشسكز *seomichsiñiz* (*seomichiñiz*), vous avez aimé.
3e { سومشلر *seomichler*, سومشلردر *seomichlerdi*, سومشدرلر *seomichdirler*, } ils ont aimé.

TROISIÈME PRÉTÉRIT PASSÉ.

SINGULIER.

سور اولدم *seoer oldoum*, j'ai commencé à aimer, je suis prêt à aimer.

سور اولدك سور اولدى *sever oldouñ*, *sever oldou*, tu as commencé à aimer, etc.

QUATRIÈME PRÉTÉRIT PASSÉ.

SINGULIER.

سومش اولدم *seomich oldoum*, j'ai déjà aimé, etc.

PREMIER PLUS-QUE-PARFAIT.

SINGULIER.

1re سودم ايدى *seodim idi*, j'avais aimé.
2e سودك ايدى *seodiñ idi*, tu avais aimé, etc.

SECOND PLUS-QUE-PARFAIT.

SINGULIER.

1re سومش ايدم *seomich idim*, j'avais aimé.
2e سومش ايدك *seomich idiñ*, tu avais aimé.
3e سومش ايدى *seomich idi*, il avait aimé.

PLURIEL.

1re سومش ايدك *seomich idik*, nous avions aimé.
2e سومش ايدكز *seomich idiñiz*, vous aviez aimé.
3e سومش ايديلر *seomich idiler*, ils avaient aimé.

Nota. On supprime aussi souvent le اى du verbe auxiliaire, et on dit : سومشدك *seomichdik*, etc.

PLUS-QUE-PARFAIT PASSÉ.

SINGULIER.

سومش ايمشم *seomich imichim*, j'avais autrefois aimé, etc.

PREMIER FUTUR.

SINGULIER.

1re سوجکم *sevedjeyim*, j'aimerai.
2e سوجکسک *sevedjeksiñ*, tu aimeras.
3e سوجک *sevedjek*, il aimera.

PLURIEL.

1re سوجکز *sevedjeyiz*, nous aimerons.
2e سوجکسکز *sevedjeksiñiz*, vous aimerez.
3e سوجکلر *sevedjekler*, ils aimeront.

SECOND FUTUR (*comme le présent*).

SINGULIER.

1re سورم *severim*, j'aimerai.
2e سورسک *seversiñ*, tu aimeras.
3e سور *sever*, il aimera.

TROISIÈME FUTUR.

SINGULIER.

1re سوهیم *sevéyim*, j'aimerais.
2e سوهسک *sevésiñ*, tu aimeras.
3e سوه *sevé*, il aimera.

PLURIEL.

1re سوهیز *sevéyiz*, nous aimerons.
2e سوهسکز *sevésiñiz*, vous aimerez.
3e سوهلر *sevéler*, ils aimeront.

QUATRIÈME FUTUR.

SINGULIER.

1re سوملو ایم *sevmelu im*, je dois aimer.

2e سوملوسك *sevmelu siñ*, tu dois aimer.

3e { سوملو در *sevmelu dir*, / سوملو *sevmelu*, } il doit aimer.

PLURIEL.

1re سوملو ايز *sevmelu iz*, nous devons aimer.

2e سوملو سكز *sevmelu siñiz*, vous devez aimer.

3e سوملودرلو *sevmelu dirler*, ils doivent aimer.

CINQUIÈME FUTUR.

SINGULIER.

1re سوسم كرك *sevsem guerek*, je dois aimer.

2e سوسك كرك *sevseñ guerek*, tu dois aimer.

3e سوسه كرك *sevsé guerek*, il doit aimer.

PLURIEL.

1re سوسك كرك *sevsek guerek*, nous devons aimer.

2e سوسكز كرك *seveseñiz guerek*, vous devez aimer.

3e سوسهلر كرك *sevséler guerek*, ils doivent aimer.

IMPÉRATIF.

SINGULIER.

1re سو *sev*, aime.

2e { سوسن سون *sevsin*, *sevsoun*, / سوه *sevé*, } qu'il aime.

PLURIEL.

1re سوهلم *sevélim*, aimons.

2e { سوك *seviñ*, / سوكز *seviñiz*, } aimez.

3e { سوسنلر *sevsunler*, / سوهلر *sevéler*, } qu'ils aiment.

Nota. L'impératif se fait par la suppression de la finale مك ou مق de l'infinitif. Si une voyelle précède le مك ou مق, on remplace, dans l'infinitif, le (َ) *ustun* par ا ou ه *a*, *e*, le (ِ) *esre* par ى *y*, *i*, et le (ُ) *öturu* par و *ou*, *u*; par exemple : سويلهمك *söylemek* (parler), سويله *söylé*; طرهمق ou طارمق *daramak* (peigner), طاره *darà*; قازمق *kazymak* (gratter), قازى *kazy*; چورمك *tchurimek* (pourrir), چورو *tchuru*, et قورومق *koroumak* (sécher), قورو *kourou.* Dans ce cas, la première personne du pluriel doit se terminer en يلم ou يالم, comme سويليهلم *söyleyélim*, قازيالم *kaziyalym*, قوروبالم *kourouyalym.*

OPTATIF.

On fait l'optatif en faisant précéder le verbe par les mots بولايكه *boulayki*, نولايدى *noulaydi* (pour نه اولايدى *né olaydi*), نولا *nola* (pour نه اولا *né ola*), نولاكه *nola ki* (pour نه اولاكه *né ola ki*), كشكه *kechké* (pour كاشكى *kiachki*), qui ne s'emploie que pour le passé; الله ويره ويرسك *allah veré versin*, et الله ويريدى *allah vereydi* (Dieu donne que), pour les autres tems.

SUBJONCTIF.

PRÉSENT ET FUTUR.

SINGULIER.

1re	سوم	*sevem*, que j'aime.
2e	سوهسن	*sevésin*, que tu aimes.
3e	سوه	*sevé*, qu'il aime.

PLURIEL.

1re سوەیز *sevéiz*, que nous aimions.
2e سوەسکز *sevésiñiz*, que vous aimiez.
3e سوەلر *sevéler*, qu'ils aiment.

PRÉSENT ET IMPARFAIT.

SINGULIER.

1re	سوە ایدم	*sevé idim*,	que j'aime.
	سویدم	*seveydim*,	
2e	سوە ایدک	*sevé idiñ*,	que tu aimes.
	سویدک	*seveydiñ*,	
3e	سوە ایدی	*sevé idi*,	qu'il aime.
	سویدی	*seveydi*,	

PLURIEL.

1re	سوە ایدک	*sevé idik*,	que nous aimions.
	سویدک	*seveydik*,	
2e	سوە ایدیکز	*sevé idiñiz*,	que vous aimiez.
	سویدیکز	*seveydiniz*,	
3e	سوە ایدیلر	*sevé idiler*,	qu'ils aiment.
	سویدیلر	*seveydiler*,	

IMPARFAIT.

سوردم *severdim*, que j'aimasse, etc. (Voyez le premier imparfait de l'indicatif.)

FUTUR PASSÉ.

SINGULIER.

1re سومش اولام *sevmich olam*, que j'aurai aimé.
2e سومش اولاسک *sevmich olasyñ*, que tu auras aimé.
3e سومش اولا *sevmich ola*, qu'il aura aimé.

PLURIEL.

1re سومش اولايز *sevmich olaiyz*, que nous aurons aimé.
2e سومش اولاسکز *sevmich olasyñyz*, que vous aurez aimé.
3e سومش اولالر *sevmich olalar*, qu'ils auront aimé.

PLUS-QUE-PARFAIT PASSÉ.

SINGULIER.

1re سومش اولايدم *sevmich olaydym*, que j'eusse aimé.
2e سومش اولايدک *sevmich olaydyñ*, que tu eusses aimé.
3e سومش اولايدى *sevmich olaydy*, qu'il eût aimé.

PLURIEL.

1re سومش الايدق *sevmich olaydyk*, que nous eussions aimé.
2e سومش اولايديکز *sevmich olaydyñyz*, que vous eussiez aimé.
3e { سومش اولايديلر *sevmich olaydylar*, / سومش اولالردى *sevmich olalardy*, } qu'ils eussent aimé.

FUTUR.

SINGULIER.

سوم *sevem*, que j'aimerai. (Voyez le présent.)

CONJONCTIF. — PRÉSENT ET FUTUR.

SINGULIER.

1re { سور ايسم *sever isem*, / سورسم *seversem*, } si j'aime, *ou* si j'aimerai.
2e { سور ايسک *sever iseñ*, / سورسک *severseñ*, } si tu aimes, etc.
3e { سورايسه *sever isé*, / سورسه *seversé*, } s'il aime, etc.

PLURIEL.

1re	سور ايسك	*sever isek*,	si nous aimons, etc.
	سورسك	*seversek*,	
2e	سور ايسكز	*sever iseñiz*,	si vous aimez, etc.
	سورسكز	*severseñiz*,	
3e	سورسهلر	*severséler*,	s'ils aiment, etc.
	سورلرسه	*severlersé*,	

Nota. On emploie aussi la particule اكر *eyer*, pour le conjonctif, en la plaçant devant le verbe.

PRÉSENT ET IMPARFAIT PASSÉ.

SINGULIER.

1re سوسم *seosem*, si j'aime, *ou* si j'aimais.

2e سوسك *seoseñ*, si tu aimes, etc.

3e سوسه *seosé*, s'il aime, etc.

PLURIEL.

1re سوسك *seosek*, si nous aimons, etc.

2e سوسكز *seoseñiz*, si vous aimez, etc.

3e سوسهلر *seoséler*, s'ils aiment, etc.

IMPARFAIT ET PLUS-QUE-PARFAIT PASSÉ.

SINGULIER.

1re	سوسه ايدم	*seosé idim*,	si j'aimais, *ou* si j'avais aimé.
	سوسيدم	*seoseydim*,	
2e	سوسه ايدك	*seosé idiñ*,	si tu aimais, *ou* si tu avais aimé.
	سوسيدك	*seoseydiñ*,	
3e	سوسه ايدى	*seosé idi*,	s'il aimait, *ou* s'il avait aimé.
	سوسيدى	*seoseydi*,	

PLURIEL.

1re	سوسه ایدك	*sevsé idik*,	si nous aimions, *ou* si nous avions aimé.
	سوسیدك	*sevseydik*,	
2e	سوسه ایدکز	*sevsé idiñiz*,	si vous aimiez, *ou* si vous aviez aimé.
	سوسیدیکز	*sevseydiñiz*,	
3e	سوسه ایدیلر	*sevsé idiler*,	s'ils aimaient, *ou* s'ils avaient aimé.
	سوسه‌لر ایدی	*sevséler idi*,	
	سوسه‌لردی	*sevsélerdi*,	

PASSÉ.

SINGULIER.

1re	سومش ایسم	*sevmichisem*,	si j'ai aimé.
	سومشسم	*sevmichsem*,	
2e	سومش ایسك	*sevmich iseñ*,	si tu as aimé.
	سومشسك	*sevmichseñ*,	
3e	سومش ایسه	*sevmich isé*,	s'il a aimé.
	سومشسه	*sevmich isé*,	

PLURIEL.

1re	سومش ایسك	*sevmich isé*,	si nous avons aimé.
	سومشسك	*sevmichsek*,	
2e	سومش ایسکز	*sevmich iseñiz*	si vous avez aimé.
	سومشسکز	*sevmichseñiz*,	
3e	سومش ایسه‌لر	*sevmich iséler*,	s'ils ont aimé.
	سومشسه‌لر	*sevmichséler*,	
	سومشلر ایسه	*sevmichlerisé*,	

Nota. Pour former ce tems, on peut aussi se servir de اولسم *olsam*, pour ایسم *isem*; p. ex. :

سومش اولسم *sevmich olsam*, si j'ai aimé.

سومش اولسك *sevmich olsañ*, etc. On dit aussi :
سودی اسیم *sevdi isem*, si j'ai aimé, etc.

PLUS-QUE-PARFAIT.

SINGULIER.

سومش اولسیدم *sevmich olsaydym*, si j'avais aimé.
سومش اولسیدك *sevmich olsaydyñ*, si tu avais aimé, etc.

PREMIER FUTUR PASSÉ.

SINGULIER.

سومش اولورسم *sevmich oloursam*, quand j'aurais aimé.
سومش اولورسك *sevmich oloursañ*, quand tu aurais aimé, etc.

SECOND FUTUR.

SINGULIER.

سور ایسم *sever isem*, } quand j'aimerais.
سورسم *severseñ*, }
سورسك *severseñ*, quand tu aimeras (comme au présent).

TROISIÈME FUTUR.

SINGULIER.

سوجك اولورسم *sevedjek oloursam*, quand j'aimerai.
سوجك اولورسك *sevedjek oloursañ*, quand tu aimeras, etc.

INFINITIF.

PRÉSENT.

سومك *sevmek*, سومه *sevmé*, aimer, l'action d'aimer.

PASSÉ.

سومش اولمق *sevmich olmak*, avoir aimé.

On se sert aussi souvent pour l'exprimer, de :

سودوك *sevdik*, ce qui a été aimé, avoir aimé.

FUTUR.

سوجك اولمق *sevedjek olmak*, devoir aimer, aller aimer.

Nota. Le présent de l'infinitif se décline régulièrement comme un substantif; par exemple : سومك *sevmek*, سومككك *sevmeguiñ* ou *sevmeyiñ*, etc. Souvent on se sert aussi, pour cause d'euphonie, du second infinitif comme substantif; p. ex. : سومه *sevmé*, سومه‌نك *sevméniñ*, سومه‌يه *sevméyé*, سومه‌يي *sevméyi*, سومه‌دن *sevméden;* pluriel : سومه‌لر *sevméler*, etc. On ajoute également à ces infinitifs les pronoms terminatifs ; par ex. : سومه‌م *sevmém* (mon amour), اغلامه‌سی *aghlamàsy* (ses pleurs), كلمه‌ك *guelméñ* (ton arrivée).

اخشام اولمه‌سی يقين در *akchâm olmàsy yakin dyr*, il sera bientôt nuit.

اورمه‌مدن قورقدی *ourmamdam korkdu*, il avait peur de mes coups.

يازمه‌مى كوردى *yazmàmy gördu*, il a vu mon écrit, ou ce que j'ai écrit.

Pour énoncer d'une manière déterminée la cause d'une action, on ajoute à la fin du présent de l'infinitif la syllabe ين *in;* p. ex. :

سومكين *sevmeguin*, parce que j'aime, tu aimes, il aime, etc.

اشبو بنی كورمكين باباسی عقلنه كلدی *ichbou beni görmeyin babasy aklynà gueldi*, quand il me vit, il se rappela de son père.

بز انی كورمكين كيرو دوندك *biz onu görmeyin gueri dönduk*, en le voyant, nous retournâmes.

Souvent aussi on peut employer, pour سومكين *sevmeyin*, سومكله *sevmegilé* (*sevmeglé*) et

سودوكم اجلدن *sevduyim edjilden*, aimant, avec amour, parce que j'ai ou j'avais aimé. (Voyez sous بقمق *bakmak*).

GÉRONDIF.

سوركن *severken*, aimant.
سور ايكن *sever iken*, en aimant.
سويوركن *seveyorken*, quand j'aimais.
سووب *sevup*, après avoir aimé.

Nota. Si le مك ou مق est précédé par une voyelle, il faut y intercaler un ى, tant dans l'écriture que dans la langue parlée; p. ex.:

سويليوب *söyleyup*, après que j'avais dit.
كورمهيوب اوردو *görméyup ourdou*, il frappa sans avoir vu.

Si cet infinitif est suivi d'un verbe, l'infinitif doit être dans la même personne et dans le même tems que ce verbe; p. ex.:

اوتوروب اغلر *otouroub aghlar*, étant assis, il pleurait.
يتشوب اوردم *yetichup ourdoum*, l'ayant surpris, je l'ai battu.
اوروب كلمك *ouroup guelmek*, aller et venir, fréquenter.
اوقويوب يازمه *okoyoup yazmà*, tu ne dois ni lire, ni écrire.
كوروب بلهجكم *görup bilédjeyim*, si je le vois, je le reconnaîtrai.

On emploie يجك avec les infinitifs en مك, et يجق avec ceux en مق; p. ex.:

سويجك *sevidjek* (*sevindjek*), quand j'aurais aimé.
اليجق *alydjak* (*alyndjak*), après avoir reçu, pris.

سويجك قچرم *sevidjek* (*sevindjek*) *katcharym*, après l'avoir aimé, *ou* aussitôt que je l'aimerais, je fuirai.

اورنجق اولدى *ouroundjak öldy*, il mourut en frappant.

بقيجق كورر *bakydjak* (*bakyndjak*) *görur*, s'il regarde, il le voit.

On forme le second gérondif en ajoutant la syllabe رك ou رق à la troisième personne du singulier du présent de l'optatif. Ce gérondif indique aussi la continuation d'une action; p. ex. :

سوه‌رك , سورك *sevérek*, toujours aimant.

بقه‌رق , بقرق *bakarak*, toujours voyant.

سويليه‌رك , سويليرك *söyléyerek*, toujours parlant, adressant la parole sans discontinuer.

On fait aussi ce gérondif par la répétition de la troisième personne du singulier du présent de l'optatif; p. ex. :

سوه سوه *sevé sevé*, toujours aimant.

بقه بقه كوزى قماشدى *bakà bakà gözu kamachdy*, ayant long-tems regardé, ses yeux étaient offusqués.

كوله كوله بايلدى *gulé gulé bayïldy*, par l'excès du rire, il tomba en syncope.

اوينايه اوينايه يورلدم *oynaya oynaya yourouldum*, j'ai tant joué que je me trouve fatigué.

اوتوره اوتوره اوصاندم *otourà otourà osandym*, je suis las d'être si long-tems assis.

دوكه دوكه اولدردى *döyé döyé öldurdy*, il le frappa tant qu'il mourut.

Ces gérondifs ont souvent la signification de l'infinitif, s'ils précèdent un des verbes suivans : بلمك *bilmek* (savoir), كورمك *görmek* (voir), وارمق *varmak* (aller), كلمك *guelmek* (venir, être accoutumé), يوريمك *yurymek* (marcher), قومق *komak* (laisser, quitter), يازمق *yazmak* (écrire) :

شونی یپه بلورمسك *chouny yapà bilurmisiñ*, sais-tu faire cela?
بویله دیه کوردم دکلەمز *böylé deyé gördum diynémez*, je le lui dis souvent, mais il n'obéit pas.
طورا واردی *doura vardy*, il reste debout, sans reculer.
وارە واردی *varà vardy*, enfin il s'en alla, enfin il vint.
اولی كلمش *ola guelmich*, c'est ordinairement ainsi.
از قالدی اوله یازدی *az kaldy ölé yazdy*, peu s'en fallut qu'il ne mourût.
الدی یوریدی *aldy yurydu*, il le répéta, il fit des progrès.
باشنه اورە قودی *bachynà ourà kody*, il le frappa sur la tête sans discontinuer.

On se sert aussi de la finale وب dans la même signification ; p. ex. :

كیدوب یورر *guidup yurur*, il marche toujours.

Souvent on supprime alors le ب ; p. ex. :

كل دیو اصمرلادی بنی *guel deyu ysmarlady beni*, viens, me disait-il en faisant sa commission auprès de moi.

یاز دیو کاغد ویردی *yaz deyu kiaghat verdi*, il me donna du papier pour écrire.

نه دیو اوردك *né deyu ourdouñ*, pourquoi as-tu battu?

انو قونو کل *enu konou guel* (pour انوب قونوب), viens selon ta commodité.

اورته قودی *örté kody* (pour اورتوب قودی), il enferma, couvrit.

Des tels gérondifs sont aussi souvent formés par quelques postpositions qu'on place après les infinitifs; p. ex.:

سومکله *sevmeklé*,
سومك ایله *sevmek ilé*, } aimant, avec amour.

سومکده *sevmekdé*, dans l'amour, en aimant.

سونجه *sevindjé*, aimant, après avoir aimé.

اوقومقله اوکرنلور *okoumaklà ögrenilur*, on apprend en lisant.

بن اغلمقله سن کولمزسك *ben aghlamaklà sen gulmezsiñ*, mes pleurs ne te réjouiront pas (mon malheur ne te rend pas heureux).

اول یازمقده معرفتلو سن اوقومقده *ol yazmakdà marifetlu, sen okoumakdà*, il écrit parfaitement, tu es habile en lisant.

همان بکلمکده اول *heman beklemekdé ol*, attends seulement.

بن کتمکده ایدم *ben guitmekdé idim*, j'avais l'intention de m'en aller.

Nota. Ordinairement on supprime la finale ك *ou* ق de l'infinitif; p. ex.: یازمده *yazmadà*, کتمده *guitmedé*, etc.

بن کلنجه او کتدی *ben gulindjé o guitti*, quand je vins, il s'en alla; il s'en alla après que j'étais venu.

اوتورنجه اوتورمه‌لو *otouroundjà otourmàlu*, quand on a été assis, il faut rester assis.

بن کلنجه اوتوره‌مدک *ben guelindjé otouramàdyñ*, pourquoi n'es-tu pas resté assis jusqu'à mon arrivée?

سومکه *seomeyé*, à aimer; souvent aussi: سومك ایچون *seomek itchun*, pour l'amour.

وار یاتمغه *var yatmaghà* (pour وار یات *var yat*), va te coucher.

بقمغه کلدم *bakmaghà gueldim*, je suis venu pour voir.

PARTICIPE.

PRÉSENT (*employé comme adjectif*).

سور *sever*, aimant, qui aime.

PRÉSENT (*employé comme substantif*).

سون *seven*, celui qui aime.

PRÉSENT (*employé d'une manière active*).

سویجی *sevidji*, l'aimant, celui qui aime.

PREMIER PRÉTÉRIT PASSÉ (*employé comme verbe et adjectif*).

سومش *seomich*, qui a aimé.

SECOND PRÉTÉRIT PASSÉ (*employé comme substantif*).

سودك *sevduk*, ce qu'on aime, l'aimé, ce qui a été aimé.

سودوکدن صکره *sevdukden soñra*, lorsqu'on l'avait aimé.

کلدیکمدن صکره *gueldiyimden soñra*, lorsque j'étais venu.

سودیکمده *sevdiyimdé*, pendant que j'avais aimé.

سودیکم *sevdiyim*, mon amant, mon ami, celui que j'aime.

دیدیکک کبی *dediyiñ guibi*, comme tu l'as dit.

سودیکندن اوتوری *sevdiyinden oturu*, } parce qu'il l'a aimé.
سودیکی ایچون *sevdiyi itchun*, }

بلدوکی قدر *bilduyi kadar*, autant qu'il peut, autant qu'il sait.

کلدیکی زمان *gueldiyi zaman*, au tems qu'il est venu, ou quand il viendra.

اشدلمدی *ichidilmedik* (اشدلممش *ichidilmemich*), inouï.

دون کوردیمکزه ویردم انی *dun gördyumuzé verdim ony*, je l'ai donné à celui que nous avons vu hier.

انک بورایه کلدوکی یوق *onouñ bourayà guelduyi yok*, il n'y a jamais été.

اولدوکی کرچکمی *olduyi guertchekmi*, est-il vrai qu'il soit mort? est-il réellement mort?

FUTUR.

سوجک *sevdjek*, celui qui aimera, ce qu'il faut pour aimer, aimable.

سوجکم ادم بودر *sevedjeyim adam bou dour*, c'est l'homme que j'aimerai.

بقاجق شی یوق *bakadjak chey yok*, on ne voit rien, il n'y a rien à voir.

نه اولاجغنی بلمم *né oladjaghyny bilmem*, je ne sais pas ce qui arrivera.

سوملو , سومه‌لو *seomeli*, ce qu'il faut aimer, ce qui est aimable.

Ce participe en مه‌لو indique toujours la nécessité de l'action; p. ex.: هیچ کیمسه‌یه معلوم اولمه‌لو *hetch kimséyé maloum olmamélu*, qu'il ne soit absolument connu de personne.

On se sert aussi des expressions suivantes :

سوه‌سی , سوسی *sevési*, tomber amoureux, celui qui aimera.
سوه‌سم کلدی *sevésim gueldi*, s'il me prend envie d'aimer.
کوله‌سک کلدی *gulésiñ gueldi* (pour کوله‌جک *gulédjeyiñ*), il t'a pris envie de rire.
کله‌سی اولدی *guelési oldu*, il est tems qu'il vienne.

Pour exprimer le mot *depuis*, les Turks ajoutent à l'impératif لدن برو *eliden berou;* p. ex. :

سولدن برو *seveliden berou*, depuis que j'aime, ou que j'ai aimé.
بقه‌لدن برو *bakàlydan berou*, depuis que je vois, ou que j'ai vu.
بن کله‌لدن بروانی کورمدم *ben guelèliden berou ony görmedim*, depuis que je suis ici, je ne l'ai pas vu.

On peut aussi supprimer les mots دن برو *den berou;* p. ex. :

بن کله‌لوانی کورمدم *ben guelélu ony görmedim*, depuis que je suis ici, je ne l'ai pas vu.
سن یازه‌لو قاچ کوندر *sen yazàlu katch gundur*, combien de jours y a-t-il que tu l'as écrit?

F. CONJUGAISON D'UN VERBE NÉGATIF.

ACTIF. — PRÉSENT.

SINGULIER.

1re { سومم *sevmem*, / سومزم *sevmezim*, } je n'aime pas.
2e سومزسك *sevmezsiñ*, tu n'aimes pas.
3e سومز *sevmez*, il n'aime pas.

PLURIEL.

1re سومزيز *sevmeziz*, nous n'aimons pas.
2e سومزسز *sevmezsiz*, vous n'aimez pas.
3e سومزلر *sevmezler*, ils n'aiment pas.

IMPARFAIT PASSÉ.

SINGULIER.

1re سومز ايدم *sevmez idim*, je n'aimais pas.
2e سومز ايدك *sevmez idiñ*, tu n'aimais pas.
3e سومز ايدى *sevmez idi*, il n'aimait pas.

PLURIEL.

1re سومز ايدك *sevmez idik*, nous n'aimions pas, etc.

PREMIER PRÉTÉRIT.

SINGULIER.

سومهشم *sevmemichim*, je n'ai pas aimé, etc.

SECOND PRÉTÉRIT.

سومدم *sevmedim*, je n'ai pas aimé, etc.

PLUS-QUE-PARFAIT.

سومهش ايدم *sevmemich idim*, je n'avais pas aimé, etc.

PREMIER FUTUR.

سومم *sevmem*, je n'aimerai pas, etc.

SECOND FUTUR.

سوميه‌جكم , سوميجكم *sevmeyédjeyim*, je n'aimerai pas, etc.

TROISIÈME FUTUR.

سوميم *sevmeyem*, je n'aimerai pas, etc.

IMPÉRATIF.

SINGULIER.

سومه *sevmé*, n'aime pas.
سومسون *sevmesun*, qu'il n'aime pas.

PLURIEL.

سوميه‌لم *sevmeyélim*, n'aimons pas.
سوميكز *sevmeyiñiz*, n'aimez pas.
سومسونلر *sevmesunler*, qu'ils n'aiment pas.

OPTATIF. — PRÉSENT.

SINGULIER.

1re سوميه‌يم *sevmeyéyim*, que je n'aime pas.
2e سوميه‌سك *sevmeyésiñ*, que tu n'aimes pas.
3e سوميه *sevmeyé*, qu'il n'aime pas.

PLURIEL.

1re سوميه‌ايز *sevmeyéyz*, que nous n'aimions pas.
2e سوميه‌سكز *sevmeyésiñiz*, que vous n'aimiez pas.
3e سوميه‌لر *sevmeyéler*, qu'ils n'aiment pas.

PRÉSENT ET PARFAIT PASSÉ.

سومیه ایدم *seomeyé idim*, que je n'aimasse pas, etc.

PRÉTÉRIT PASSÉ.

سومهش اولام *seomemich olam*, que je n'aie pas aimé, etc.

PLUS-QUE-PARFAIT.

سومهش اولیدم *seomemich olaydym*, que je n'eusse pas aimé, etc.

CONDITIONNEL. — PRÉSENT ET FUTUR.

SINGULIER.

سومز ایسم *seomez isem*,
سومزسم *seomezsem*, } si je n'aime pas, etc.

PRÉSENT ET IMPARFAIT.

سومسم *seomesem*, si je n'aime pas, *ou* si je n'aimais pas, etc.

IMPARFAIT ET PLUS-QUE-PARFAIT.

سومسیدم *seomescydim*, si je n'eusse pas aimé, etc.

PREMIER PARFAIT.

سومهش ایسم *seomemich isem*, si je n'ai pas aimé, etc.

SECOND PARFAIT.

سومدی ایسم *seomedi isem*, si je n'avais pas aimé, *ou* si je n'eusse pas aimé, etc.

PLUS-QUE-PARFAIT.

SINGULIER.

سومهش اولسیدم *seomemich olsaydym*, si je n'eusse pas aimé, etc.

FUTUR PASSÉ.

سومهش اولورسم *sevmemich oloursam*, si je n'avais pas aimé, etc.

INFINITIF.

سومهك *sevmemek*, ne pas aimer.

GÉRONDIF.

سومز ایكن *sevmez iken*, } n'aimant pas.
سومیوب *sevmeyip*, }

سومیيجك *sevmyidjek* (*sevmeyindjek*), jusqu'à ce qu'on ait aimé.

سومیرك. *sevmeyerek*, n'aimant pas, contre son gré.

سومهكله *sevmemekle*, sans aimer, contre son gré.

سومدكدن صكره *sevmedikden soñrà*, quand on n'a pas aimé.

اول سومدیكی كبی اولمز *ol sevmediyi guibi olmaz*, s'il n'aime pas, cela ne peut être.

سومینجه *sevmeyindjé*, jusqu'à ce qu'on n'ait pas aimé.

اورایه كتمینجه اولهمز *orayà guitmeyindjé olamàmaz*, sans y aller, c'est impossible.

سومهك ایچون *sevmemek itchun*, } à ne pas aimer.
سومهكه *sevmemeyé*, }

سومز *sevmez*, non aimant (*adjectif*).

سومین *sevmeyen*, non aimant (*substantif*).

سومییجی *sevmeyidji*, qui n'aime pas, qui n'est pas aimant.

سوممش *sevmemich*, qui n'a pas aimé, qui n'a pas été aimant.

سومدك *seomedik*, qui n'est pas aimé, qui n'a pas été aimé.

سومیجك سومیەجك *seomeyedjek*, qui n'est pas aimable, qui n'est pas aimant.

سومملو , سومەلو *seomemelu*, ce qui ne doit pas aimer.

سومیەلو *seomeyélü*, } depuis que je n'aime plus,
سومیەلدبرو *seomeyéliden beru*, } qu'on n'aime plus.

Les verbes qui indiquent l'impossibilité, se conjuguent de la même manière ; p. ex. :

سوەمم *sevémem*, je ne peux aimer.
بقەمم *bakàman*, je ne peux voir.

G. CONJUGAISON DU VERBE

بقمق *bakmak* (voir, regarder, contempler).

INDICATIF. — PREMIER PRÉSENT.

SINGULIER.

1re	بقرم	*bakarym*, je vois.
2e	بقرسك	*bakarsyñ*, tu vois.
3e	بقر	*bakar*, il voit.

PLURIEL.

1re	بقرز	*bakaryz*, nous voyons.
2e	بقرسكز	*bakarsyñyz*, vous voyez.
3e	بقرلر	*bakarlar*, ils voient.

SECOND PRÉSENT (DÉTERMINÉ).

SINGULIER.

1re بقيورم *bakayoroum* (et *bakiyoroum*), je vois à présent, je vois encore.

2e بقيورسك *bakayorsouñ*, tu vois à présent, encore.

3e بقيور *bakayor*, il voit à présent, encore.

PLURIEL.

1re بقيورز *bakayorouz*, nous voyons à présent, encore.

2e بقيورسكز *bakayorsouñouz*, vous voyez à présent, encore.

3e بقيورلر *bakayorlar*, ils voient à présent, encore.

IMPARFAIT PASSÉ.

SINGULIER.

1re	بقردم	*bakardym*,	je voyais.
	بقر ايدم	*bakar idym*,	
2e	بقردك	*bakardyñ*,	tu voyais.
	بقر ايدك	*bakar idyn*,	
3e	بقردى	*bakardy*,	il voyait.
	بقر ايدى	*bakar idy*,	

SECOND IMPARFAIT PASSÉ.

SINGULIER.

بقر ايمشم	*bakar imichim*,	je voyais (autrefois).
بقرمشم	*bakarmychym*,	

PREMIER PRÉTÉRIT PASSÉ.

بقدم *bakdym*, j'ai vu (certainement), etc.

SECOND PRÉTÉRIT PASSÉ.

بقمش ايم
بقمشم } *bakmychym*, { j'ai vu (d'une manière incertaine, comme en songe), etc.

TROISIÈME PRÉTÉRIT PASSÉ.

بقر اولدم *bakor oldoum*, j'ai commencé à voir, je suis prêt à voir, etc.

QUATRIÈME PRÉTÉRIT PASSÉ.

بقمش اولدم *bakmych oldoum*, j'ai (déjà) vu, etc.

PREMIER PLUS-QUE-PARFAIT.

بقدم ايدى *bakdym idy*, j'avais vu, etc.

SECOND PLUS-QUE-PARFAIT.

بقمش ايدم *bakmych idym*, j'avais vu, etc.

PASSÉ ENTIÈREMENT PASSÉ.

بقمش ايمشم *bakmych imychym*, j'avais (autrefois) vu, etc.

PREMIER FUTUR.

SINGULIER.

1re بقجغم *bakadjaghym*, je verrai.

2e بقجقسك *bakadjaksyñ*, tu verras.

3e { بقجق *bakadjak*,
بقجقدر *bakadjakdyr*, } il verra.

PLURIEL.

1re بقجغز *bakadjaghyz*, nous verrons.

2e بقجقسكز *bekadjaksyñyz*, vous verrez.

3ᵉ { بقجقلردر *bakadjaklardyr*, / بقجقدرلر *bakadjakdyrlar*, / بقجقلر *bakadjaklar*, } ils verront.

SECOND FUTUR.

بقرم *bakarym*, je verrai, etc. (*comme au présent*).

TROISIÈME FUTUR.

SINGULIER.

1ʳᵉ بقەیم *bakàyim*, je verrai.

2ᵉ بقەسك *bakàsyñ*, tu verras.

3ᵉ بقە *bakà*, il verra.

SINGULIER.

1ʳᵉ بقەیز *bakàyiz*, nous verrons.

2ᵉ بقەسكز *bakàsyñyz*, vous verrez.

3ᵉ بقەلر *bakàlar*, ils verront.

QUATRIÈME FUTUR.

SINGULIER.

بقملو ایم *bakmalu im*, je dois voir, j'ai à voir.

بقملو سك *bakmalu syñ*, tu dois voir, tu as à voir.

CINQUIÈME FUTUR.

SINGULIER.

بقسم كرك *baksam guerek*, je dois voir.

بقسك كرك *baksañ guerek*, tu dois voir, etc.

Nota. On se sert aussi, comme premier parfait passé, de بقر اولدم *bakar oldoum*, j'ai commencé à voir, je me suis rendu pour voir; comme second parfait passé, de بقمش اولدم *bakmych oldoum*, j'ai vu; comme futur passé, de بقمش اولورم *bakmych olouroum*, j'aurai vu.

IMPÉRATIF.

SINGULIER.

2e	بق	*bak*, vois.
3e	بقسون	*baksun*, qu'il voie.

PLURIEL.

1re	بقه‌لم	*bakàlym*, voyons.
2e	بقك	*bakyñ*, } voyez.
	بقكز	*bakyñyz*, }
3e	بقسونلر	*baksunlar*, qu'ils voient, laissez-les voir.

OPTATIF. — PRÉSENT ET FUTUR.

SINGULIER.

1re	بقم بقه‌م	*bakam*, que je voie.
2e	بقه‌سك	*bakàsyñ*, que tu voies.
3e	بقه	*bakà*, qu'il voie.

PLURIEL.

1re	بقه‌يز	*bakàyz*, que nous voyions.
2e	بقه‌سكز	*bakàsyñyz*, que vous voyiez.
3e	بقه‌لر	*bakàlar*, qu'ils voient.

Nota. On exprime le terme *jusqu'à ce que*, en faisant précéder le verbe par le mot تاكه *taki;* p. ex. : تاكه بقم *taki bakam*, jusqu'à ce que je voie, pour que je voie.

PRÉSENT ET IMPARFAIT PASSÉ.

SINGULIER.

1re	بولايكى بقه‌ايدم بقيدم	*boulaiki bakà idym*, Dieu donne que je voie.

2ᵉ بقيدك *bakaydyñ*, que tu voies.

3ᵉ بقيدى *bakaydy*, qu'il voie.

PLURIEL.

1ʳᵉ بقيدق *bakaydyk*, que nous voyions.

2ᵉ بقيدكز *bakaydyñyz*, que vous voyiez.

3ᵉ { بقهلردى *bakaydylar*, / بقيديلر *bakàlardy*, } qu'ils voient.

IMPARFAIT PASSÉ.

SINGULIER.

بقردم *bakardym*, que je voyais, etc. (comme dans l'indicatif).

FUTUR PASSÉ.

SINGULIER.

بولايكى بقمش اولام *boulayki bakmych olam*, Dieu donne que j'aie vu.

PREMIER PLUS-QUE-PARFAIT.

بولايكى بقمش اوليدم *boulayki bakmych olaydym*, Dieu donne que j'eusse vu.

SECOND PLUS-QUE-PARFAIT.

بقردم *bakardym*, que j'eusse vu.

PARFAIT ENTIÈREMENT PASSÉ.

بقمش اولوردم *bakmych olourdoum*, que j'eusse vu.

CONJONCTIF. — PRÉSENT ET FUTUR.

SINGULIER.

1ʳᵉ اكر بقرسم *eyer bakarsam*, si je vois, *ou* si je verrai.

2ᵉ اكر بقرسڭ *eyer bakarsañ*, si tu vois, *ou* si tu verras.

3ᵉ اكر بقرسه *eyer bakarsà*, s'il voit, *ou* s'il verra.

PLURIEL.

1ʳᵉ اكر بقرسق *eyer bakarsak*, si nous voyons, *ou* si nous verrons.

2ᵉ اكر بقرسكز *eyer bakarsañyz*, si vous voyez, *ou* si vous verrez.

3ᵉ { اكر بقرسه‌لر *eyer bakarsàlar*, / اكر بقرلرسه *eyer bakarlarsà*, } s'ils voient, *ou* s'ils verront.

PRÉSENT ET IMPARFAIT PASSÉ.

SINGULIER.

1ʳᵉ بقسم *baksam*, si je vois, *ou* si je voyais.

2ᵉ بقسڭ *baksañ*, si tu vois, *ou* si tu voyais.

3ᵉ بقسه *baksà*, s'il voit, *ou* s'il voyait.

PLURIEL.

1ʳᵉ بقسق *baksak*, si nous voyons, *ou* si nous voyions.

2ᵉ بقسكز *baksañyz*, si vous voyez, *ou* si vous voyiez.

3ᵉ بقسه‌لر *baksàlar*, s'ils voient, *ou* s'ils voyaient.

IMPARFAIT ET PLUS-QUE-PARFAIT PASSÉ.

SINGULIER.

1ʳᵉ بقسيدم *baksaydym*, si je voyais, *ou* si j'avais vu.

2ᵉ بسقيدڭ *baksaydyñ*, si tu voyais, *ou* si tu avais vu.

3ᵉ بقسيدى *baksaydy*, s'il voyait, *ou* s'il avait vu.

PLURIEL.

1ʳᵉ بقسيدق *baksaydyk*, si nous voyions, *ou* si nous avions vu.

2ᵉ بقسيدكز *baksaydyñyz*, si vous voyiez, *ou* si vous aviez vu.

3ᵉ بقسيديلر *baksaydylar*, بقسه‌لردی *baksàlardy*, s'ils voyaient, *ou* s'ils avaient vu.

PARFAIT PASSÉ.

SINGULIER.

1ʳᵉ بقمش ایسم *bakmych isem*, بقدی ایسك *bakdy iseñ*, بقدم ایسه *bakdy isé*, si j'ai vu, etc.

PLUS-QUE-PARFAIT PASSÉ.

2ᵉ بقمش اولسیدم *bakmych olsaydym*, بقمش ایسیدم *bakmych iseydim*, si j'avais vu, etc.

FUTUR PASSÉ.

بقمش اولورسم *bakmych oloursam*, si j'eusse vu, quand j'aurais vu.

INFINITIF.

PRÉSENT (*comme verbe*).

بقمق *bakmak*, voir, regarder, contempler.

PRÉSENT (*comme substantif*).

بقمه *bakmà*, le voir, l'action de voir, etc.

Nota. L'infinitif se décline régulièrement en changeant ق en غ; p. ex.: بقمق *bakmak*, بقمغك *bakmaghyñ*, بقمغه *bakmaghà*, etc. Le ق est ordinairement supprimé, à cause de l'euphonie, quand le verbe est pris comme substantif; p. ex.: بقمه *bakmà*, le voir, بقمه‌نك *bakmànyñ*, etc.

On dit بقمقده *bakmakdà* et بقمده *bakmàda*, pendant le voir (en voyant); بقمهدن آول *bakmàdan evel*, avant le voir; بقمغله *bakmaghilé*, avec le voir; بقمق ایچون *bakmak itchun*, à cause de voir; بقمق اوزره *bakmak uzré*, après le voir, pendant le voir; بقمغين *bakmaghyn*, parce qu'il voit, a vu, verra.

Si l'on ajoute des pronoms personnels terminatifs, c'est toujours au second infinitif; par ex.: بقمهم *bakmàm*, ma vue; اوقومهك *okoumañ*, ton lire; المهسی *àlmasy*, son prendre, sa manière de prendre.

PASSÉ.

بقمش اولمق *bakmych olmak*, avoir vu, le voir.

FUTUR.

بقجق اولمق *bakadjak olmak*, aller voir, être à voir.

GÉRONDIF.

بقركن *bakarken*, بقرایكن *bakariken*, بقيوركن *bakayorken*, بقرق *bakarak*, بقمغله *bakmaghilé*, voyant, pendant qu'on voit, en voyant, par le voir.

PARTICIPE.

PREMIER PRÉSENT (*adjectif*).

بقر *bakar*, voyant, celui qui voit.

SECOND PRÉSENT (*substantif*).

بقن *bakan*, celui qui voit.

TROISIÈME PRÉSENT (*actif*).

بقيجی *bakydjy*, ayant l'habitude de voir, celui qui voit.

PREMIER PRÉTÉRIT PASSÉ (*verbe et adjectif*).

بقمش *bakmych*, qui a vu.

SECOND PRÉTÉRIT PASSÉ (*substantif*).

بقدق *bakdyk*, vu, ce qui a été vu.

FUTUR.

بقجق *bakadjak*, celui qui verra, ce qui est à voir, digne d'être vu.

بقمهلو *bakmàlu*, ce qu'il faut pour voir, ce qui est requis ou nécessaire pour voir.

بقدسی *bakàsy*, l'action d'aller voir. (Voyez aussi la conjugaison de سومک.)

APPENDICE.

H. FORMATION DES VERBES.

On fait les verbes passifs, en intercalant un ل devant la terminaison en مک *ou* مق; p. ex.: سومک *sevmek,* aimer, devient سولمک *sevilmek,* être aimé; de بقمق *bakmak,* voir, on fait بقلمق *bakylmak,* être vu.

Une exception de cette règle sont les verbes dans lesquels la syllabe مک *ou* مق est précédé par le son d'une voyelle ou d'une voyelle même; ceux-ci prennent un ن au lieu du ل; p. ex.: دیمک *dimek* (*demek*), dire, دنیمک *denmek,* être dit. Cependant on dit aussi dans la conversation دینلمك *denilmek*.

طیامق *dayamak*, appuyer, طیانمق *dayanmak*, s'appuyer, être appuyé.

اوقومق *okoumak*, lire, appeler, اوقونمق *okounmak*, faire lire, faire appeler; سویلمك *söylemek*, dire, parler, سویلنمك *söylenmek*, être dit, dire à soi-même.

Les verbes qui ont un ل devant مك *ou* مق; p. ex. : بولمق *boulmak*, trouver, fait بولنمق *boulounmak*, se trouver, être trouvé; چالمق *tchalmak*, battre, frapper, voler, چالنمق *tchalynmak*, être battu, frappé, volé; المق *almak*, prendre, النمق *alynmak*, être pris; بلمك *bilmek*, savoir, connaître, بلنمك *bilinmek*, être su, connu.

Les transitifs (متعدّى *mutéaddi*) sont formés de verbes simples actifs ou intransitifs, dans le corps desquels on intercale la syllabe در avant la terminaison de l'infinitif; p. ex. : سومك *sevmek*, aimer, سودرمك *sevdirmek*, faire aimer, *ou* laisser aimer; بقمق *bakmak*, voir, بقدرمق

baktyrmak, faire qu'on voit, faire voir ; vulgairement بقتمق *bakytmak*.

Si le مك *ou* مق est précédé d'une voyelle ou d'un ر, on les fait suivre d'un ت *ou* د (car ces deux lettres se confondent dans la conjugaison) ; p. ex. : سويلمك *söylemek*, dire, parler, سويلتمق *söyletmek*, faire dire, faire parler ; اوقومق *okoumak*, lire, appeler, اوقوتمق *okoutmak*, faire lire, faire appeler ; چاغرمق *tchaghyrmak*, چغرمق *tchyghyrmak*, crier, promulguer, چاغرتمق, چغرتمق *tchaghyrtmak*, faire crier ; چقرمق *tchykarmak*, extraire, ôter, dégarnir, چقرتمق *tchykartmak*, faire extraire, ôter, dégarnir.

A cause de l'euphonie, on ne fait précéder que d'un ر les lettres ج چ et ش ; p. ex. : كوچمك *götchmek*, enfoncer, كوچرمك *götchurmek*, plonger ; شاشمق *chachmak*, être troublé, شاشرمق *chachyrmak*, troubler quelqu'un ; قاچمق *katchmak*, fuir, قاچرمق *katchyrmak*, faire fuire ; كچمك *guetmek* passer, traverser, كچرمك *guetchirmek*, faire passer, faire traverser ; اچمك *itchmek*, boire, اچرمك *itchirmek*, donner à boire ; صچمق *sytchmak*, tirer l'arc *ou* le fusil, صچرمق *sytchyrmak*, et صچرتمق *sytchyrtmak*, faire tirer ; اشمق *achmak*, outrepasser, اشرمق *achyrmak*, faire outrepasser ; طاشمق *tachmak*, s'enfuir en bouillant, طاشرمق *tachyrmak*, faire enfuir en bouillant.

Cependant on fait de اچمق *atchmak*, ouvrir, اچدرمق *atchdyrmak*, faire ouvrir ; de اشمك *echmek*, déterrer, اشترمك *echtirmek*, faire déterrer ; de اوشمك *uchmek*, amonceler, اوشترمك *uchturmek*, faire amonceler ; de اولشمك *ulechmek*, se partager une chose, اولشترمك *ulechtirmek*, faire partager ; de باداشمق *badaçhmak*, se grouper deux à deux au jeu, باداشترمق *badachtyrmak*, mettre par paires ; de دشمك *dechmek*, percer un abcès, دشترمك *dechtirmek*, faire percer ; de سچمك *setchmek*, choisir, élire, سچترمك *setchtirmek* faire choisir, élire ; de صاچمق *satchmak*, répandre, صاچدرمق *satchdyrmak*, faire répandre.

Les verbes réciproques personnels sont faits par l'intercalation d'un ن avant la finale مك ou مق; par ex. : سومك *sevmek*, aimer, سونمك *sevinmek*, s'aimer soi-même (ordinairement se réjouir); بقمق *bakmak*, voir, بقنمق *bakynmak*, se voir, se regarder soi-même (ordinairement regarder autour de soi); اوكمك *öymek* louer, اوكنمك *öyunmek* se louer soi-même, se glorifier, se targuer.

Nota. Cependant plusieurs verbes ne deviennent pas réciproques par cette intercalation d'un ن, mais reçoivent par là une signification passive ; p. ex. : بسلمك *beslemek*, nourrir, بسلنمك *beslenmek*, être nourri.

Beaucoup de verbes ayant naturellement un ن avant le مك ou مق, ont en même tems une signification reciproque ; p. ex. : اوكرنمك *öyrenmek*, apprendre, s'enseigner à soi-même; اكرنمك *iyirenmek*, avoir un dégoût; اوكلنمك *ökélenmek*, se mettre en colère, être en colère.

On fait de ces verbes réciproques des transitifs;

par لنهك et لنمق ; souvent le ن dans نهك et نمق est alors changé en ت ; p. ex. : اوكه‌لتمك *ökeletmek*, اوكه‌لندرمك *ökelendirmek*, être en colère, mettre en colère, exciter la colère de quelqu'un; اوكرتمك *öyretmek*, instruire quelqu'un, enseigner; اكرندرمك *iyrendirmek*, occasioner du dégoût.

5. Les verbes réciproques des choses ou coopératifs prennent avant leur مك *ou* مق un ش ; p. ex. : سومك *sevmek*, aimer, سوشمك *sevichmek*, s'aimer mutuellement ; سويلمك *söylmek*, parler, سويلشمك *söylechmek*, parler ensemble, discuter ; بقمق *bakmak*, voir, بقشمق *bakychmak*, se voir, se regarder mutuellement ; بولمق *boulmak*, trouver, بولشمق *boulouchmak*, se trouver ensemble, se réunir.

6. Les Turks n'ont proprement pas de verbes impersonnels ; ils les expriment par واردر *vardyr*, il est, il y a ; كرك *guerek*, il faut, il est nécessaire, il convient ; p. ex. :

كتمك كرك *guitmek guerek*, il faut qu'il aille.
پاره واردر *parà vardyr*, il y a de l'argent.
يغمور يغر *yaghmour yaghar*, il pleut.

قاريغر *kar yaghar*, il neige.
طولويغر *dolou yaghar*, il grêle.
چك يغر *tchiy yaghar* ou دوشر يغر *ducher yaghar*, il gèle blanc.
قراغو يغز *kyraghu yaghar*, la rosée tombe.
كوك كورلر *gök gurler*, il tonne.
شمشك شاقر *chimchek chakyr*, il fait des éclairs.

On se sert ordinairement de la troisième personne de l'indicatif du passif :

دنيور *dinur* (*denir*), ديرلر *derler*, on dit.
نقل اولنور *nakl olounour*, نقل ايد يلر *nakl idiler*, on raconte.
كيديلور *guidilur*, on va.
كورونور *görunur*, on voit, etc.

CHAPITRE VII.

Des autres parties du discours (الحروف *el-hourouf*).

I. L'ADJECTIF VERBE (ظرف).

En turk, les adverbes conviennent ordinairement en tout avec les adjectifs.

DE QUALITÉ.

كوزل *giuzel*, beau joli; ايو *eyu*, خوش *khoch*, bon, agréable.

Ceux qui dérivent d'adjectifs forment les degrés de diminution ou d'amplification de la même manière que l'adjectif; p. ex.: كوزلجه *guzeldjé*, plus beau, moins beau; ايوجه *eyudjé*, خوشجه *khochdjà*, mieux, moins bon ou agréable.

On peut aussi remplacer les adverbes par le substantif avec les propositions ايله *ilé*, avec, et اوزره *uzré*, sur; p. ex.:

دليلك ايله *delilik ilé*, دليلكله *delilikle*, avec stupidité, d'une manière stupide.

دوستلق اوزره *dostlouk uzré*, avec amitié, amicalement.

En arabe les adverbes sont formés de substantifs et d'adjectifs, auxquels on ajoute le اً *en* de la quatrième terminaison arabe, que les Turks prononcent ordinairement *a*, et rarement *en*; p. ex.:

خصوصاً *khousousen*, خصوصا *khousousa*, proprement.

اصلاً *aslen*, اصلا *asla*, jamais.

اكا بناءً *ona binaën*, selon, de cette manière.

On fait aussi des adverbes de substantifs:

1. En faisant suivre ceux-ci par la syllabe جه *djé*; par ex:

نمچه *Nemtché*, un Allemand; نمچهجه *nemtchédjé* (*nemzédjé*), à la manière allemande.

فرنك *Frenk (Firenk)*, Italien, Européen; فرنكجه *frenkdjé*, à l'italienne, à l'européenne.

ارمنى *Ermeni*, Arménien; ارمنيجه *ermenidjé*, à l'arménienne.

2. Avec نه *iné;* p. ex. :

ترس *ters*, le revers; ترسنه *tersiné*, retourné.

عكس *aks*, perversité; عكسنه *aksiné*, d'une manière perverse.

3. Avec la terminaison persane انه *ané*, ou يانه *yané;* p. ex. :

دوست *dost*, ami; دوستانه *dostané*, amicalement.

عاقل *akyl*, raison; عاقلانه *akylané*, raisonnablement.

بابايانه *babayané*, پدرانه *pederané*, d'une manière paternelle.

DE QUANTITÉ.

چوق *tchok*, وافر *vafir*, beaucoup; از *az*, peu; ازاجق *azadjyk*, moins, très-peu.

براز *biraz*, بر ازاجق *bir azadjyk*, un peu.

بر پارچه *bir partchà*, un petit morceau (un peu); بر مقدار *bir myktar*, un peu.

زياده *ziyadé*, ارتق *artik*, غيرى *ghayry*, plus; چوق چوق *tchok tchok*, beaucoup plus, trop.

بو قدر *bou kadar*, autant, aussi grand (que cela).

اول قدر *ol kadar*, او قدر *o kadar*, autant, aussi grand (qu'une autre chose éloignée).

پك *pek*, قتى *katy*, غايتله *ghayetlé*, très, au plus haut degré, extrêmement.

DE LIEU.

1. Répondant à la demande *où ?*

قنى *kany (hany)*, قنيا *kaniya (haniya)*, نرده *nerdé* (نره ده *nerédé*), نه يرده *né yerdé*, où? dans quel lieu?

بونده *boundà*, بوراده *bouradà*, là (pas loin).

بونده *boundà*, بوراجقده *bouradjykdà*, شونده *choundà*, شورده *chourdà*, là (pas loin).

بونده شونده *boundà choundà*, ici etl à.

انده *ondà*, اوراده *oradà*, اورده *ordà*, là, dans cet endroit.

بروده *berudé*, بو طرفده *bou taraftà*, de ce côté, en deçà.

اوته ده *ötédé*, اوته طرفده *öté taraftà*, de l'autre côté, au-delà; اوته برو *öté beri*, ici et là, tantôt ici, tantôt là.

اشاغده *achaghdà*, en bas; يوقرده *yokardà*, en haut; ايچرده *itcherdé*, en dedans.

طشره ده *tachradà* (*dichardà*), en dehors; اوكده *öndé*, en avant, devant; ارده *arddà*, en arrière.

ايلروده *ilerudé*, en avant, par devant; كيروده *guerudé*, en arrière; يقين *yakyn*, près.

اوزاق *ouzak*, ايراق *yrak*, loin, صاغده *saghdà*, à droite; صولده *soldà*, à gauche.

2. Répondant à la demande *où? dans quelle direction?*

قنى *kani (hany)*, قنيا *kaniya (haniya)*, où? نره يه *nereyé*, où?

نره يه طوغرى *neréyé doghry*, dans quelle direction?

بورايه *bourayà*, بوراجغه *bouradjyghà*, شورايه *churayà*, شوراجغه *chouradjyghà*, ici, de ce côté.

اورايه *orayà*, اوراجغه *oradjyghà*, là.

يوقرى *jokari*, يوقرويه *jokaruya*, en haut.

اشاغى *achaghi*, اشاغه *achaghà*, اشاغيه *achaghiyà*, en bas.

DU TEMS.

قچان *katchan (hatchan)*, نه زمان *né zaman*, quand?

نه وقت *né vakyt*, quand, à quelle époque?

شمدى *chimdi*, هنوز *henuz*, حالا *hala*, آلان *elan*, à présent, actuellement.

دمين *demin*, هنوز *henuz*, avant peu, dans ce moment.

شمديجك *chimdidjik*, همان شمدى *heman chimdi*, bientôt, tout à l'heure.

فى الحال *filhal*, تيز *tez;* چاپق *tchapyk*, چاپجق *tchapydjak*, tout-à-coup, subitement, vite.

يقنده *jakyndà*, يقنلرده *jakynlardà*, dernièrement.

چوقدن *tchokdan*, depuis long-tems.

بولدر *bouldour (byldyr)*, كچن يل سنه *guetchen yil, sené*, l'année dernière.

دون *dun*, hier.

اوته كون *öté gun*, دون دكل اولبر كون *dun deyil olbir gun*, avant-hier.

دون اخشام *dun akhcham*, hier au soir; اخشام *akhcham*, hier ou ce soir.

بو اخشام *bou akcham*, ce soir; بو كون *bou gun (böyun)*, aujourd'hui.

صباح *sabah*, dans la matinée; يارين صباح *yaryn sabah*, demain matin.

يارن *yaryn*, demain.

ايرتسى كون *ertesi gun*, يارندەسى كون *taryndàsy gun*, le jour après.

اوبر كون *obir gun*, يارن دكل اوبر كون *yaryn deyil obir gun*, après demain.

هر كون *her gun*, tous les jours; كوندن كونه *gunden guné*, كون بكون *gun be gun*, يوميه *yeomiyé*, de jour en jour, tous les jours, journellement.

هر زمان *her zaman*, دايما *dayyma*, toujours.

طورميوب *dourmayub*, طورمه *dourmà*, دايما *dayma*, بردوزيه *bir duziyé*, كيجه كوندز *guedjé gunduz*, همان همان *hemen hemen*, sans discontinuer, jour et nuit.

كچنلرده *guetchenlerdé*, كچنده *guetchendé*, كچن *guetchen*, dernièrement, avant peu.

اخشام صباح *akhcham sabah*, bientôt, matin et soir.

صباحدن برو *sabahdan beru*, depuis le matin.

كاه *kiah*, كاهده بر *kiahdà bir*, كاه كاه *kiah kiah*, بعض *bazi (bazy)*, بعض بعض *bazi bazi*, une fois, quelquefois, souvent, de tems en tems.

احيانا *ehyanen*, de tems en tems; بر زمان *bir zaman*, une fois.

اولزمان *ol (o) zaman*, alors.

برازدن *birazdan*, برازدن صكره *birazdan soñra*, bientôt après, plus tard.

براز *biraz*, un peu, ار *er*, ارجه *erdjé*, اركنجه *erkendjé*, de bonne heure, le matin.

كيچ *guetch*, كيچجه *guetchdjé*, tard, plus tard.

هيچ *hetch*, اصلا *aslà*, هركز *herguiz*, بر زمان *bir zeman* (avec une négation), jamais, d'aucune manière.

تـــا *ta*, jusque, jusqu'à ce que; نه زمانه‌دك *zamanàdek*, jusqu'à quand?

شمدیه‌دك *chimdiyédek*, شمدیه كلنجه *chimdiyé guelindjé*, jusqu'à présent.

چوق *tchok*, چوق زمان *tchok zaman*, long-tems.

اكسز *añsyz*, tout-à-coup; صق صق *syk syk*, souvent.

اوّل *evvel*, مقدّم *moukaddem*, اقدم *akdem*, antérieurement.

بوندن اقدم *boundan akdem*, auparavant; صكره *soñra*, après.

بوندن صكره *boundan soñra*, après cela; ان صكره *en soñra*, à la fin, enfin.

كوندز *gunduz*, pendant le jour; كيجه *guedjé*, pendant la nuit.

یازین *yazyn*, en été; قشین *kychyn*, en hiver.

بهارین *baharyn*, en printems; كوزین *guzun*, en automne.

صباحین *sabahyn*, صباحدن *sabahdan*, le matin, dans la matinée, avant midi.

اویلین *öylein*, اویلن *ölen*, à midi.

اخشام *akhcham*, اخشامین *akhchamyn*, vers le soir, dans la soirée.

DE DEMANDE.

نیچون *nitchun*, نه ایچون *né itchun*, pourquoi? نه سببدن *né sebebden*, نه سبب *né sebeb*, سبب *sebeb*, اصلی *asly*, pourquoi, pour quelle raison?

نیجه *nidjé*, نه شكل *né chekil*, نه وجهله *né vedjehilé*, comment, de quelle manière?

یا *ya*, et, alors?

مى *mi*, intercalé dans les verbes ou placé à la fin, signifie, est-ce que? si? (en latin *an*?) p. ex.:

كورمسك *görurmusun*, le vois-tu?

اكلازمسك بنى *añlarmysyñ beni*, me comprends-tu?

عربه‌جى كلدى مى *arabàdjy gueldi mi*, ou عربه‌جى مى كلدى *arabàdjy my gueldi*, le cocher est-il déjà venu?

بق دشارى يغمور يغرمى *bak dichary yaghmour yagharmy*, regarde en dehors, s'il pleut.

D'AFFIRMATION.

نه قدر *né kadar*, combien, de quelle grandeur?

قاچ كرّه *katch kerré*, قاچ دفعه *katch defa'a*, en combien de fois?

اوّت *evvet* (*evet*), اود *evod*, بلى *beli*, اويله‌در *öylédir*, oui, c'est cela, c'est ainsi, certes.

بلكى *belki*, بلكى ده *belkidé*, قابلدر *kabildir*, peut-être, il est possible.

ظاهر *zahir* (*zaher*), كرچك *guertchek*, c'est vrai, certainement.

شپهه‌سز *chuphésiz* (*chifesiz*), sans doute; كرچكدن *guertchek den*, véritablement.

بله *bilé* (postposition), quoique, même; p. ex.:

باشنه اورمش ايسه بله ينه قباحت انلك دكل ايدى *bachyna ourmouch isé bilé, yené kabahat-ondà deyil idi*, quoiqu'on prétende qu'il l'a frappé sur la tête, ce n'était pas sa faute.

صلت اوقومه دکل یازی بله بلور *salt okouma deyil*, *yazy bilé bilur*, non seulement il ne sait pas lire, mais encore écrire.

اولسون *olsoun*, soit; پك ایو *pek eyu*, پك کوزل *pek guzel*, très-bien, c'est bien.

باش اوستنه *bach ustuné*, جان و کوکلدن *djan ou gönulden*, de tout mon cœur, à votre service.

جانمه منّت *djanymà minnet*, j'en serais ravi.

DE NÉGATION.

دکل *deyil*, non, ce n'est pas (le contraire d'être); یوق *yok*, non, non pas, il n'y a pas (est le contraire d'avoir).

خیر *khayr*, *khayir*, non (expression plus polie que la précédente); هیچ *hitch*, *hetch*, اصلا *asla*, jamais, nullement.

دکملك *degmedé*, non, difficilement, je ne crois pas.

حاشا *hacha*, الله کوسترمسن *allah göstermesin*, الله صقلاسن *allah saklàsyn*, معاذ الله *ma'az allah*, Dieu préserve, Dieu ne donne pas.

نره‌ده قالدی *nerédé kaldy*, d'autant moins, d'autant plus.

نه ــ نه *né—né*; p. ex.:

نه بو وار نه او *né bou war né o*, il n'y a ni ceci ni cela.

DÉMONSTRATIFS.

ما *ma* (*na*), le voici, tiens; اشته *ichté*, reste.

بقه *bakà*, کور که *giör ki*, vois, voilà.

DE NOMBRE.

قاچ كرّه دفعه *katch kerré*, *defa'a*, en combien de fois.

چوق كرّه *tchok kerré*, دفعاتله *defa'atilé*, souvent, سيرك *seyrek*, نادر *nadir*, rarement.

صقجه *syktchà*, souvent; كيرو *guirou* (*gueru*), ينه *yiné*, كنه *guiné* (*guené*), تكرار *tekrar*, يكيدن *yeñiden*, de rechef, de nouveau, encore une fois.

بر دخى *bir dakhi* (*daha*), encore une fois.

D'ORDRE.

اوّل *evvel*, اوّلا *evvela*, مقدّمه *moukaddemà*, ابتدا *iptida*, premièrement, originairement.

ثانيا *saniya*, صكره *soñrà*, اندن صكره *ondan soñrà*, ايكنجى *ikindji*, après, de rechef, secondement.

آخر *akhyr*, عاقبت *akhybet*, صوك صوكى *soñ soñu*, enfin, à la fin.

بله *bilé* (postposition), aussi, en dernier lieu.

اندن غيرى *ondan ghayry*, اندن ماعدا *ondan ma'ada*, outre cela, par-dessus.

بر بريله *bir biriylé*, بر برينه *bir biriné*, alternativement.

صرا ايله *syra ilé*, صرا واردى *syra vardy*, successivement.

نوبتله *nobetilé*, mutuellement; الايله *alayilé*, par ordre, l'un après l'autre, supérieurement bien.

صرا صرا *syra syra*, par ordre, par rang.

DE DIMINUTION.

براز *biraz*, peu; ياپ *yap*, ياپچه *yaptcha*, ياپ ياپ *yapyap*, ياپچه ياپچه *yaptchà yaptchà*, اهسته *ahesté*, peu à peu, lentement.

اياق اياق *ayak ayak*, pas à pas.

ازر ازر *azar azar*, كيلك كيلك *guidé guidé*, peu à peu, successivement.

پاره پاره *parà parà*, پارچه پارچه *partchà partchà*, pièce par pièce.

انجق *andjak*, فقط *fakat*, à peine, seulement; كوج ايله *gudj ilé*, à peine.

هيچ اولمزسه *hetch olmazsà*, نه قدر ايسه *né kadar isé*, باري *bari*, au moins.

DE SOUHAIT.

كاشكي *kiachki* (rarement كشكه *kechké*), بولايكي *bolayki*, نولايدي *nolaydi*, نه اولايدي *né olaydy*, que, oh si, s'il se pouvait.

الله ويرسون ويره *allah versin*, *veré*, ان شاالله *incha allah* (*ichallah*), Dieu donne, Dieu veuille.

D'EXCITATION.

دي *di*, ده *dé*, هايده *haydé*, eh bien!

دي امدي *dé imdi* (*deyindi*, *dendi*), eh bien! allons!

ها بابام يوروم قوزم ها *ha babam*, *yavroum*, *kouzoum ha*, eh bien! mes pères, messieurs.

DE DÉFENSE.

صقن *sakyn*, اولمسون *olmasun*, حاشا *hacha*, اچ كوزكي *atch gözuñy*, prends garde! gare!

DE MENACE.

واى باشكه *vay bachyña*, يازق سكا *yazyk saña*, تو يوزكه *tu yuzuné*, malheur à toi!

DE LOUANGE, DE BÉNÉDICTION.

آفرين *aferin* (*aferim*), excellent, bravo !
په نه كوزل *peh né guzel*, په په *peh peh*, چوق ياشا *tchok yacha*, برخوردار اول *berkhor dar* (*berhoudar*) *ol*, صاغ اول *sagh ol*, صاغ اول وار اول *sagh ol var ol* زياده اولا *ziyadé ola* (*ziyadolà*), بركات ويرسك *berekiat versiñ*, Dieu te comble de bonheur.

DE SALUTATION.

مرحبا *merhaba*, je te salue. (On répond par le même terme).

خوش كلدك *khoch gueldiñ*, sois bien-venu.

On répond :

خوس بولدق *khoch bouldouk*, je te trouve en bonne santé.

صباحكز خير اولا *sabahyñyz khayr ola*, que la matinée te soit heureuse.

On répond :

عاقبتكز خير اولا *akybetiñiz khairola*, que ta fin soit heureuse.

اخشامكز خير اولا *akhchamyñyz khair ola*, bonsoir. (On répond comme auparavant).

كيجه‌كز خير اولا *guedjéñiz khayr ola*, bonsoir.

On répond :

خيره قرشو *khayrà karchu*, rencontre de bonheur.

بيرام مبارك اولا اولسون *bayram moubarek ola*, *olsoun*, عيد شريفلريكز خير اولا *iydi cherifleriñiz khayr ola*, بيرام مباركى *bayram mubareki*, je te souhaite un heureux baïram, une fête heureuse.

اوغرلر اولا *oughurlar ola*, اوغر اولا *oughur ola*, bon voyage, bien du bonheur, sois heureux.

On répond :

الله راضى اولا اولسون *allah razi ola*, *olsoun*, Dieu soit content de toi.

قولاى كله *kolay guelé*, ايش اولسون *ich olsoun*, que ton travail soit léger. (On répond comme auparavant.)

دعالر *doua'ler*, خوشجه قال قالك *khochdja hal*, *kalyn*, اللهه اصمرلدق *allaha ysmarladyk*, adieu, portez-vous bien.

On répond :

وار صاغلغله *var saghlyghylà*, صاغلجقلر ايله *saghlydjaklar ilé*, الله سلامت ويره *allo selamet veré*, va en bonne santé, Dieu te donne la sûreté.

DU DOUTE.

مكر *meyer*, peut-être, par hasard; يوخسه *yokhsà*, يوقسه *yoksà*, sinon.

بلكى *belki*, اولا كه *ola ki*, شايد *chayed*, احتمالدركه *ihtimaldyr ki*, peut-être, il se pourrait.

DE COMPARAISON.

نته *nité*, نيجه *nidjé*, نته كه *nitéki*, نيجه كه *nidjé ki*, كبى *guibi*, comme, de même que.

بوكا كوره *bouña göré*, اكا كوره *oña göré*, d'après cela, selon, comme ceci, comme cela.

بونجلين *boundjoulayin*, comme ceci, de cette manière; انجلين *ondjoulayin*, comme cela, comme celui-là.

بعينيه *bi aynihé*, de même que.

صانكه *sanki*, صناسك *sanasyñ*, كويا *göya*, فرضا كه *faraza ki*, بياغى *bayaghy*, comme si, supposé que.

صورتا *souretà*, selon l'apparence.

DE RÉUNION.

بله *bilé*, برله *birlé*, برابر *beraber*, avec, ensemble; معاً *ma'en*, ensemble.

DE SÉPARATION.

بشقا *bachkà*, فراده *firadé*, sans.

بريكا *bir yaña*, برطوف *ber taraf*, d'un côté, loin.

بشقه بشقه *bachkà bachà*, ايرى ايرى *ayry, ayry*, برر برر *birer birer*, séparément, un à un.

DE SERMENT.

والله *vallahi* (*vallaha*), بالله *billahi*, تالله *tallahi*, تكرى حقى *tañry hakky*, تكرى حقى ايچون *tañry hakky itchun*, الله حقى *allah hakky*, par Dieu.

II. POSTPOSITION.

Les Turks n'ont pas de prépositions, mais des postpositions, dont les suivantes s'attachent à la fin des mots.

1. ده *de, da*, dans (toujours à la fin du premier cas); p. ex.:

بنده *bendé*, dans moi, chez moi; انده *onda*, chez lui, là.

بوندہ *bounda*, dans cela, ici ; اودہ در *evde dir*, il est à la maison.

قپودہ *kapudà*, devant la porte.

بر کتابدہ *bir kitabdà*, dans un livre ; بر صفرادہ *bir soufradà*, sur une table.

2. دن *den, dan*, de. (Voyez l'ablatif.)

3. جه *djé*, dans, vers, tout droit vers, selon, d'après, comme.

یرلو یرنجه *yerlu yerindjé*, le tout selon sa place ; عادتجه *adetdjé*, selon la coutume.

نمچهجه *nemtchédjé*, à l'allemande, en allemand ; اشکجه *echekdjé*, comme un âne.

کوپکجه کوپك اغاسن طانر *köpedjé köpek, aghasyn tanyr*, un chien n'est qu'un chien, mais il connaît son maître.

ادمجه حرکت ایتمدی *adamdjà hareket etmedi*, il n'agit pas comme un homme, humainement.

4. جلین *djileyin*, rarement ; لین *leyin* (après les mots qui se terminent par une voyelle), comme, pareil à. Ce mot est placé après le premier cas ; p. ex. :

بنجلین *bendjileyin*, comme moi ; سزجلین *sizdjileyin*, comme vous.

ادمجلین *adamdjylayin*, comme un homme.

EXCEPTION.

بونجلین *boundjoulayin*, شونجلین *chundjoulayin*, de cette espèce *ou* manière, comme cela.

5. له *lé*, au lieu de ايله *ilé*. (Voyez plus bas.)

6. سز *siz*, *syz*, *souz*, *suz*, sans, s'ajoute au premier cas; p. ex. :

بنسز *bensiz*, sans moi ; سزسز *sizsiz*, sans vous.

كوزسز *gözsuz*, sans yeux, aveugle ; قورقوسز *korkousuz*, sans crainte.

EXCEPTIONS.

بونسز *bounsouz*, شونسز *chounsouz*, sans celui.

Les postpositions suivantes ne s'attachent pas aux mots, on les place simplement après.

1. اوزره *uzré*, sur; p. ex. :

باش اوزره *bas uzré* (sur la tête) avec beaucoup de plaisir, de tout mon cœur.

2. ایچره *itchré*, dans, en dedans; p. ex. :

او ایچره *ev itchré*, dans la maison, dans l'intérieur de la maison.

On les emploie ordinairement avec les substantifs اوزری *uzeri*, la partie supérieure, et ایچری *itcheri*, la partie intérieure; p. ex. :

باش اوزرینه *bach uzeriné*, او ایچریسنده *ev itcherisindé*.

3. اشوری *achouri* (*achury*), au-delà (avec le premier cas); p. ex. :

طاغ اشوری *dagh achury*, au-delà de la montagne, de l'autre côté de la montagne.

ایکی کون اشوری *iki gun achury*, le troisième jour après.

ایله *ilé,* avec (avec le nominatif); p. ex.:

خاتون ایله *khatoun (kadun) ilé,* خاتونیله *khatunilé,* avec l'épouse.
خاتونی ایله *khatouni ilé,* خاتونیله *khatounyilé*, avec son épouse.

Si ایله est construit avec des pronoms, ceux-ci doivent être dans le génitif; p. ex.:

بنم ایله *benim ilé*, بنمله *benimlé* avec moi; سزك ایله *siziñilé,* سزکله *siziñlé*, avec vous.
انلرك ایله *onlaryñilà,* avec eux; کمك ایله *kimiñ ilé,* avec qui?

EXCEPTION.

انلر ایله *onlar ilé*, avec eux; کم ایله *kim ilé,* avec qui?

5. ایچون *itchun* (en composition یچون *itchun*), à cause (avec le nominatif); p. ex.:

اقچه ایچون *akdjé itchun*, pour de l'argent; صاتمقیچون *satmak-itchun*, pour la vente.

Avec le génitif; p. ex.:

بنم ایچون *benim itchun,* à cause de moi, pour moi; انلرك ایچون *onlaryn itchun*, à cause d'eux.
کمك ایچون *kimin itchun*, pour quoi? pour qui? نەنك ایچون *néniñ itchun*, pourquoi, à cause de quoi?

EXCEPTIONS.

انلر ایچون *onlar itchun*, کم ایچون *kim itchun*, نه ایچون *né itchun*, à cause d'eux, à cause de qui? pour qui?

6. كبى *guibi*, comme, à l'instar; p. ex. :

ادم كبى *adam guibi*, comme un homme; قلج قبى *kylydj guibi*, comme une épée.

Après les pronoms dans le génitif; p. ex. :

بنم كبى *benim guibi*, comme moi; انلرك كبى *onlaryn guibi*, comme eux.

كمك كبى *kimin guibi*, comme moi; ندنك كبى *néniñ guibi* de quelle manière.

EXCEPTIONS.

انلركبى *onlar guibi*, كم كبى *kim guibi*, نه كبى *né guibi*.

Les suivans demandent avant eux le datif.

1. دك *dek*, دكن *deguin*, jusque; p. ex. :

بو كونه دك *bou guné dek*, jusqu'aujourd'hui; بچه دك *betchédek* jusqu'à Vienne.

2. كوره *göré*, selon; p. ex. :

بكا كوره *baña göré*, selon moi, quant à moi.

اكا كوره *oña göré*, selon lui.

كلدوككه كوره *guelduyñé göré*, parce que tu es venu, d'après ton arrivée.

كلدوكنه كوره *guelduyiné göre*, comme il arrive, selon ce qui arrive.

ادمنه كوره *adamynà göré*, selon la personne.

3. طوغرى *doghru*, vers, envers; p. ex. :

شهره طوغرى *cheheré doghru*, vers la ville, sur la ville.

4. قرشو *karchu*, contre; p. ex.:

قلعه‌یه قرشو *kaléyé karchu*, contre la forteresse.
بکا قرشو *baña karchu*, contre moi.

5. یقین *yakin*, près; p. ex.:

کویه یقین *kiöyé jakyn*, près du village.
بزه یقین *bizé jakyn*, près de moi, à côté de moi.

Avec l'ablatif sont construits:

1. اوتری *öturu*, à cause de; p. ex.:

بندن اوتری *benden öturu*, à cause de moi.
اکا اوردوغندن اوتری *oña ourdoughoundan öturu*, à cause de ce qu'il l'a battu.

2. یکا *yaña*, vers, à côté de; p. ex.:

شهردن یکا *cherden yañà*, vers la ville, à côté de la ville.
بندن یکا هوا خوش *benden yañà hava koch*, quant à moi, il m'est indifférent (l'air est beau).
بندن یکا *benden yañà*, pour moi, à mon profit.

3. صکره *soñrà*, après, plus tard; p. ex.

سندن صکره *senden soñrà*, après toi; مانجه‌دن صکره *mandjiàdan soñrà*, après avoir mangé, après le repas.
بولدقدن صکره *bouldoukdan soñrà*, après qu'on l'a trouvé.
سن بندن صکره کلدک *sen benden soñrà gueldiñ*, tu es arrivé après moi.

4. ایلرو *ileru*, اوّل *evvel*, مقدّم *moukaddem*, اقدم *akdem*, avant, auparavant, devant; p. ex. :

بابامدن ایلرو کلدم *babamdan ileru gueldim*, je suis venu avant mon père.

کروانک ایلروسی *keroanuñ ilerusi*, le devant de la caravane.

5. یوقرو *yokaru*, en haut, plus haut; p. ex. :

اودن یوقرو *evden yokaru*, plus haut que la maison.

طاغدن یوقرو *daghdan yokaru*, en haut de la montagne.

6. اشاغی *achaghy*, اشاغه *achaghà*, en bas, plus bas; p. ex. :

بندن اشاغی *benden achaghy*, plus bas que moi, au-dessous de moi.

مردباندن اشاغی *merdibanden achaghy*, en bas de l'escalier.

7. اوته *öté*, de l'autre côté, au-delà.

8. برو *berou*, de ce côté, en-deçà.

9. غیری *ghayry*, ماعدا *maa'da*, بشقه *bachkà*, excepté.

10. طشره *tachrà*, دیشاری *dichary*, en dehors, dehors; p. ex. :

شهردن دیشاری *cheherden dichary*, hors de la ville.

10. ایچرو *itcheru*, en, dans, dedans; p. ex. :

اودن ایچرو *evden itcheru*, dans la maison, dans l'intérieur de la maison.

قپودن ایچرو کیرمک *kapouden itcheru guirmek*, entrer par la porte.

Mais ordinairement on dit :

او ایچنك *ev itchindé*, dans la maison;
او ایچنه *ev itchiné*, dans la maison (entrant), etc.

La préposition *à* demande le datif du sujet qu'elle régit ; p. ex. :

اوینامغه بشلادی *oynamaghà bachlady*, il commença à jouer.
کتمکه حاضر *guitmeyé hazyr*, il est prêt à partir, à s'en aller.
التمك *altymda*, sous moi ; اوستنكك *ustuñdé*, sur toi.
ایچندن *itchinden*, en dedans, du côté intérieur.
دیشندن *dychyndan*, en dehors, du côté extérieur.
اردمزده *ardymyzdà*, derrière nous.
اوكلرنك *öñlerindé*, devant eux.
یانمه كل *yanymà guel*, viens de mon côté, viens à moi.

Le tableau suivant indique les diverses terminaisons que les substantifs de lieu prennent, quand ils sont en construction avec d'autres.

			où?	d'où?	où? (*)
الت	*alt*,	le côté inférieur,	*dà*,	*dan*,	*à*.
اوست	*ust*,	le côté supérieur,	*dé*,	*den*,	*é*.
اوزر	*uzer*,				
اوك	*öñ*,	le côté antérieur,	*dé*,	*den*,	*é*.
حضور	*houzour*,	le devant,	*dà*,	*dan*,	*à*.

(*) Vers quel endroit ?

			où?	d'où?	où? (*)
ارد	*ard*, le côté postérieur,		*dà*,	*dan*,	*à*.
ايچ	*itch*, l'intérieur,		*dà*,	*dan*,	*é*.
طشره	*dachrà*,	l'extérieur,	*dà*,	*dan*,	*à*.
ديش	*dys*,				
ايچرى	*itcheri*, le côté intérieur,		*dé*,	*den*,	*yé*.
يان	*yan*, le côté,		*dà*,	*dan*,	*à*.
مقابله	*moukabelé*,	le côté opposé,	*dé*,	*den*,	*yé*.
قرشو	*karchu*,		*dà*,	*dan*,	*yà*.
اورتا	*orta*,	le milieu,	*dà*,	*dan*,	*yà*.
ارا	*ara*,		*dà*,	*dan*,	*yà*.
ايچ	*itch*,		*dé*,	*den*,	*e*.
ميان	*miyân*,		*dà*,	*dan*,	*à*.
چوره	*tcheoré*,	la circonférence,	*dé*,	*den*,	*yé*.
اطراف	*etraf*,		*da*,	*dan*,	*yé*.
يقين	*yakyn*, près,		*dà*,	*dan*,	*à*.
اوزاق	*ouzak*, loin,		*dà*,	*dan*,	*à*.
اشغى	*achaghy*, le bas,		*dà*,	*dan*,	*yà*.
يوقرى	*yokary*, le haut,		*dà*,	*dan*,	*yà*.
كيرو	*gueru*, derrière,		*dé*,	*den*,	*yé*.
ايلرى	*ileri*, devant,		*dé*,	*den*,	*yé*.

EXEMPLES.

اوالتنده *eo altyndà*, اوك التنده *eviñ altyndà*, sous la maison.

بزم التمزده *bizim altymyzdà*, au-dessous de nous.

سنك اوستكده *seniñ ustuñdé*, sur toi.

(*) Vers quel endroit?

صفره اوستنده *soufrà ustundé*, sur la table.

اوکمده *õñumdè*, اوکمجه *õñumdjé*, devant moi.

اردکزده *ardyñyzdà*, اردکزجه *ardyñyzdjà*, derrière vous.

او ایچنده *ev itchindé*, dans la maison, dans l'intérieur de la maison.

قلعه‌نک طشره‌سنده *kaléniñ tachràsyndà*, دیشنده *dychyndà*, دیشاریسینده *dicharysyndà*, en dehors de la forteresse.

قهوه‌نک قرشوسنده *kahvéniñ karchusyndà*, vis-à-vis du café.

بنم یانمده *benim yanymdà*, à côté de moi.

سوقاق اورتاسنده *sokak ortasyndà*, au milieu de la rue.

چوره‌سنده در *tchevresindé dir*, il est autour de lui.

سنک حقکده یالان سویلر *seniñ hakyñdà yalan söyler*, il fait des mensonges sur son compte.

حقنده خیر در *hakkyndà khayir dyr*, il est profitable pour lui.

Sur la demande *où? vers quel endroit?* on se sert de tous ces termes avec le datif; p. ex. :

اسکمله‌یی التنه الدی *iskemléyé altynà aldy*, il prit la chaise sous lui et s'y assit.

یاننه واردی *yanynà vardy*, il alla à lui, sur lui.

اردینه دوشدی *ardynà duchdy*, il le suivit.

ایچنه کردی *itchiné guirdi*, il y entra.

اغاچک اشاغا سنده *aghatchañ achagha sindé*, au-dessous de l'arbre

III. CONJONCTIONS.

CONJONCTIVES.

و *ve*, *ou*, *u*, et; هم *hem*, et, p. ex. :

هم بن هم سن *hem ben hem sen*, moi et toi; هم بن و هم سن *hem ben ve hem sen*, aussi bien moi que toi.

Nota. On supprime souvent cette conjonction; p. ex. :

كيجه كوندز *guedjé gunduz*, jour et nuit.

بيوك كچوك بر يره كلدى *böyuk kutchuk bir yeré gueldi*, les grands et les petits réunis vinrent.

ده *dé*, *dà*, دخى *dakhi* (*dahà*), aussi, encore.

بن ده سن ده *bendé sendé*, moi, ainsi que toi.

او ده كلدى *o dà gueldi*, il est aussi venu.

ايله *ilé*, et; انام ايله بابام *anam ilé babam*, ma mère et mon père.

Nota. On se sert aussi du participe en supprimant و *ou* هم; p. ex. :

اوقيوب يازار *okouyoup yazar*, اوقور يازار *okour yazar*, il lit et écrit.

كيدوب كلور *guidup guelur*, كيدر كلور *guider guelur*, il va et vient.

DE SÉPARATION.

يا *ya*, ياخود *yakhod*, ou يا — يا *ya* — *ya*, اكر — اكر *eyer* — *eyer*, كرك — كرك *guerek* — *guerek*, استر — استر *ister* — *ister*, ou... ou... qu'il soit... qu'il soit...

يوخسه *yokhsà*, يوقسه *yoksà*, ou (dans un sens négatif).

D'OPPOSITION OU DE CONDITION.

امّا *emma*, ايسه *ise*, در *dir*, (postposition), mais.

لكن *lakin*, ولكن *ve lakin*, cependant, mais.

الّا *illa*, mais, cependant, néanmoins.

نهايت *nihayet*, نهايتى *nihayeti*, cependant, enfin, finalement.

بو جمله ايله *bou djiumlé ilé*, malgré tout cela, enfin.

كرچك *guertchek*, كرچككه *guertchekki*, كرچى *guertchi*, quoique.

ده *dé*, pour دخى *dakhi*, quoique, se place après le présent du conjonctif; p. ex. :

اولسه ده *olsà dà*, quoiqu'il soit.

چونكه *tchunki*, malgré, quoique.

اكر *eyer*, مكر *meyer* (avec un substantif), si, s'il ne.

D'EXPLICATION.

كه *ki*, زيرا *zira*, زيراكه *ziraki*, parce que, pourquoi.

چونكه *tchunki*, خصوصا كه *khousousa ki*, ناصل كه *nasylki*, parce que.

DE CONCLUSION.

امدى *imdi*, ايمدى *imdi*, اوندن اوتورى *ondan ötury*, اول سببدن *ol sebebden*, انك ايچون *onouñ itchun*, pour cette raison, ainsi, à cause.

على الخصوص *alelkhousous*, خصاصا *khousasa*, particulièrement, parce que; يعنى *yani*, c'est-à-dire.

D'EXCEPTION.

اندن غيرى ماعادا *ondan ghayry*, *mu'ada*, outre cela.

مكر *meyer*, excepté que; الّا *illa* (*illé*), outre.

D'AMPLIFICATION.

بله *bilé*, aussi, non seulement; تك *tek*, همان تك *heman tek*, si seulement.

IV. INTERJECTIONS.

DE DOULEUR.

اه *ah!* ah!

DE PLAINTE OU DE JOIE.

هاى *hay*, هاى هاى *hay hay*, eh!

DE LAMENTATION ET D'HURLEMENT.

هى واه *hey wah!* ايواه *eywah!* مدد *meded!* حيف *haylif!* يازق *yazyk!* يازقلر اولسون *yazyklar olsoun!* ah! aie! ouf! au secours! malheur!

DE MENACE.

واى *way!* واى باشكه *way bachyñà!* واى سكا *way saña!* malheur, malheur sur toi!

D'ADMIRATION.

بـا *ba!* پـه *peh!* په په *peh peh!* الله الله *allah allah!* oh! oh Dieu!

EN CRIANT AU SECOURS.

بره *bré!* هى *hey!* مدد *meded!* امان *aman!* مدد الله *meded allah!* يتشك *yetichiñ!* ah! au secours!

DE REFUS.

با *ba!* يوق *yok!* اولماز *olmaz!* non!

EN RIANT.

ما *ma!* الا *ala!* ده ها *dë ha!* ها ها *ha ha ha!* ha ha!

D'AVIS.

صقن *sakyn!* كوزوكى اچ *giozunu atch!* gare! gare à toi!
(*Adressé aux hommes.*) صاول *savoul!* الارغه *alarga!* gare! place!
(*Adressé aux animaux.*) ده *deh! dih! dah!* هايده *haydé*, en avant!

POUR FAIRE TAIRE.

سوس *sous!* سوس اول *sous ol!* كس سسكى *kes sesiñi!* silence!

DE SUFFRAGE.

آفرين *aferin* (*aferim*)! ياشا *yacha!* bravo!

D'APPEL.

هى *hey!* بكا بق *baña bak!* اى *ey!* بره *bré!* بهى *behey!* يا *ya!* hé! hé!

FIN DES PARTIES DU DISCOURS.

SYNTAXE TURKE.

Quoiqu'il ait été souvent question dans la grammaire précédente de la syntaxe, il nous reste pourtant plusieurs règles à donner, relatives à la place que les différentes parties du discours doivent y occuper.

En adressant la parole à quelqu'un, les Turks se servent, dans la vie ordinaire, toujours de la seconde personne du singulier سن *sen*, toi. Cependant, quand on parle à quelqu'un d'un rang supérieur, on lui donne quelquefois la seconde personne du pluriel سز *siz*, vous ; si l'on écrit à quelqu'un qui occupe un rang très-élevé, on se sert des expressions جنابلری *djenableri*, حضرتلری *hazretleri*, son altesse, sa grâce ; et, en lui parlant, de جنابک *djenabiñ*, جنابکز *djenabiñiz*, حضرتک *hazretiñ*, حضرتکز *hazretiñiz*, vous, votre grâce ; الله پادشاه حضرتلری *allah, padichah hazretleri*, Dieu, l'empereur, sa majesté ; پاشا حضرتلری *pacha hazretleri*, son altesse le pacha.

On emploie aussi, par politesse, la première personne du pluriel, بز *biz*, nous, au lieu de la première du singulier, بن *ben*, moi; on dit aussi, pour marquer sa soumission, بندهکز *bendéñiz*, قولکز *koulouñuz*, کولهکز *kiöléñiz*, celui qui parle, le présent, votre serviteur; دعاجیکز *dou'adjyñyz*, votre ami.

On y ajoute aussi le pronom بو *bou*, celui-ci; p. ex. : بو بندهکز قولکز دوستکز *bou bendéñiz kouloñuz, dostouñuz*, votre serviteur ou ami ci-présent. Au lieu de *ma maison*, on dit poliment فقیر خانه *fakyr khané*, la pauvre maison; au lieu de *ma femme*, on dit, en parlant à un haut personnage, خلایغکز *khalayighyñyz*, votre esclave (mon épouse, aussi bien que: mon époux); اهلم *ehlim*, ordinairement, قریم *karym* (vulgairement عورتم *œvretim œvredym*), ma femme, ma concubine. En plaisantant, on se sert de l'expression قاشق دشمنم *kachyk douchmanym*, mon morceau ennemi.

Dans la langue écrite les verbes se placent toujours à la fin de la phrase, mais en parlant on dit également : وار کتوراو اقچهیی *var guetur a akdjéyi,* va, porte l'argent, pour وار او اقجه‌یی کتور *var o akdjéyi guetur;* قهوه بر ایچدم کتدم *guittim itchdim bir kahvé*, pour کتدم کیدوب بر قهوه ایچدم *guittim guidub bir kahvé itchdim,* j'ai été prendre du café.

Quand deux substantifs sont construits ensemble, le premier doit toujours avoir le génitif; p. ex.: اللهک قولی *allahhyñ koulou*, le serviteur de Dieu. Si les mots sont arabes, le génitif doit suivre le nominatif; p. ex.: عبداللّه *abdoullah*, le serviteur de Dieu. En persan, tous les deux restent au nominatif, et on ne met qu'un *i* ou *y*, entre eux; p. ex.: بندهٔ خدا *bendé-i-khouda,* le serviteur de Dieu; درسعادت *der-i-sa'adet,* سعادت قپوسی *saadet kapousy* (la porte de la félicité) Constantinople.

La répétition des substantifs indique :

1. Une distinction; p. ex.:

ادم ادم بو در *adam, adam bou dour*, un homme, ceci est un homme, voilà l'homme qu'il faut.

او او کزمک *ev ev guezmek*, aller de maison en maison, à toutes les maisons.

2. Le vocatif.

حسن حسن *Hasan Hasan!* ô Hassan! hé Hassan!

صوصوباغرمق *sou sou baghyrmak*, crier sans discontinuer à l'eau.

L'adjectif précède toujours le substantif auquel il appartient; p. ex.: بر كوزل ادم *bir guzel adam*, un bel homme. Le subject a toujours la première place, s'il n'est pas précédé par une conjonction, un adverbe ou un pronom de demande.

Dans les phrases qui contiennent une question, on emploie souvent la particule مى *mi*; p. ex.:

اغاك كتديمى *aghañ guittimi*, ton maître est-il déjà parti?

صو ايچدك مى *sou itchdiñmi*, as-tu bu de l'eau?

صومى ايچدك *soumy itchdiñ*, as-tu bu de l'eau (ou autre chose)?

Quand on demande, on ajoute à l'indicatif du présent et du prétérit de tous les verbes turks la particule مى *mi*, avec le pronom personnel terminatif; p. ex.:

سورميم *severmiyim*, si j'aime?

كوررمسك *giörurmusuñ*, si tu vois, vois-tu?

كلورميز *guclurmiyiz*, si nous venons?

اويورميدكز *ouyourmouydouñouz*, avez-vous dormi?

كلديمى *gueldimi*, est-il venu?

Pour affirmer on répond: اوّد *evved* (*evet*),

بلی *beli*, هه *hé*, اويلهدر *öylédir*, oui, c'est ainsi, ظاهر *zahir*, vraiment. Les négations sont دکل *deyil*, يوق *yok*, خير *khayïr*, non, ce n'est pas, il n'y a pas.

Souvent on répète le verbe précédent pour indiquer ou l'affirmation ou la négation ; p. ex. : كتدكمى *guittiñmi*, y es-tu allé? كتدم *guittim*, ou هه كتدم *hé guittim*, oui, je m'y suis rendu, ou كتمدم *guitmedim*, non, je n'y suis pas allé; on dit aussi يوق كتمدم *yok guitmedim*.

On se sert en turk des infinitifs arabes en les faisant suivre d'un verbe auxiliaire, sans que leur sens en soit changé ; p. ex. :

تسلم اتمك *teslim etmek*, remettre, transmettre.
تسلم اولمق اولنمق *teslim olmak*, *olounmak*, être remis, transmis.

Les synonymes des verbes auxiliaires اتمق *etmek*, sont : ايلمك *eylemek*, قلمق *kylmak*, faire ; بيورمق *boyourmak*, vouloir, ordonner.

A. JONCTION DES SUBSTANTIFS AUX ADJECTIFS.

Les adjectifs doivent, comme nous l'avons déjà

dit, toujours précéder leur substantif, et ne sont pas déclinés; p. ex.:

کوزل چوجق *guzel tchodjouk*, le bel enfant.

بیوک اوک صاحبی *boyuk eviñ sahibi*, le maître, le propriétaire de la grande maison.

شو کوزل و خوش هوایه بق *chou guzel vé khoch havayé bak*, vois, quel tems beau et agréable.

بر اوزون بویلو کمسه *bir ouzoun boïlou kimsé*, une personne de haute stature.

بر عقللو زهنلو و اوقومش کمسه در *bir akyllu*, *zehnlu* (*zeyinli*) *ve okoumouch kimsé dir*, c'est une personne spirituelle, sage et instruite.

La répétition des adjectifs sert à renforcer leur signification; p. ex.: اق اق *ak ak*, tout-à-fait blanc; کوزل کوزل *guzel guzel*, parfaitement beau.

B. JONCTION DES SUBSTANTIFS ENTRE EUX.

Quand on veut joindre ensemble deux substantifs, le premier reçoit ou la terminaison du génitif, ou il reste nominatif; le second doit toujours être en nominatif, et reçoit à la fin la syllabe ی ou سی; p. ex.:

بچ شهری *Betch chehri*, la ville de Vienne.

یورتی کونی *yortu guny*, le jour de fête.

دیوان یولی *divan yoly*, la rue impériale.
طونا ارمغی *Thouna yrmaghy*, le fleuve Danube.
مجار مملکتی *Madjar memleketi*, le royaume de Hongrie.
پاشا اوغلو *pacha oghlou*, le fils du pacha.

Si la signification est plus précise, le premier substantif prend le génitif ; p. ex. :

پاشانک اوغلی *pachanyñ oghlou*, le fils de ce pacha.
اوک صاحبی *eviñ sahibi*, le propriétaire de cette maison.

Tandis que اوصاحبی *ev sahibi,* ne signifie que : le maître de la maison.

Dans le style élevé, et quand on se sert de mots arabes ou persans, les noms propres et les définitions sont placés en dernier lieu. Alors on fait entendre, en lisant, un *i* ou *y* entre les deux mots ; p. ex. :

شهر بچ *chehr-i-Betch*, la ville de Vienne.
مملکت مجار *memleket-i-Madjar*, le royaume de Hongrie.
صاحب بیت *sahib-i-beyt* (pour صاحب البیت *sahibul beyt*), le maître de la maison.
نهر طونا *nehr-i-Thouna*, le fleuve Danube.
ولد پاشا *veled-i-pacha*, le fils du pacha.
عشقی یاران *achky-i-yaran*, l'amour entre les amis.

Quand la quantité des choses est indiquée par un nom de nombre, le substantif qui devait prendre le génitif, reste au nominatif, et se placé à la fin; p. ex. :

ایکی کیسه اقچه *iki kisé (kesé) akdjé*, deux sacs d'argent.
بر الای خرسز *bir alay khyrsyz*, une foule de voleurs.
اون کیله بغدای *on kilé boughdaï*, dix boisseaux de blé.
للی باش قویون *elli bach koyoun*, cinquante moutons.
یکرمی پاره کمی طوپ *iyirmi parà guemi, top*, dix pièces de navires, canons.
اوچ نفر عسکر *utch nefer asker*, trois soldats ou hommes.
بر لقمه اتمك *bir lokma ekmek*, un morceau de pain.
بر ایچم یودم صو *bir itchim youdoum sou*, une gorgée d'eau.

Quand l'étoffe ou la matière de laquelle une chose est faite, est indiquée, le premier des deux substantifs est employé au nominatif ou à l'ablatif; p. ex. :

کموش کموشدن قاشق *gumuch. Gumuchden kachyk*, une cuillère d'argent.
دمر دمردن قپو *demir. Demirden kapou*, une porte de fer.
اغاچ اغاچدن قاپ *aghatch. Aghatchdan kap*, ustensiles de cuisine en bois.

C. SYNTAXE DES VERBES.

Nous avons déjà donné dans la grammaire plusieurs règles sur la syntaxe des verbes; ici nous devons d'abord remarquer qu'on emploie souvent le prétérit passé pour le présent; ainsi on dit : اكلادكمى *añladyñmy* pour اكلارمسك *añlarmy-syñ*, comprends-tu? كوردوكمى *görduñmi*, vois-tu? بيوردم كه *bouyourdoum ki*, j'ordonne donc; c'est l'expression dont le sultan se sert dans ses firmans.

On emploie aussi l'optatif au lieu de l'impératif; p. ex. : كلهسك *guelésiñ*, pour كل *guel*, viens; كيده *guidé*, كتسون *guitsun*, qu'il aille, il faut qu'il aille.

On dit aussi dans la seconde personne كلسك يا *guelseñ ya* (*guelseña*), viens donc, pourquoi ne viens-tu pas? اوتورسك يا *otoursañ ya* (*otoursaña*), assieds-toi, pourquoi ne t'assieds-tu pas?

Souvent aussi cet optatif est remplacé par le conjonctif; p. ex. : كليدى *gueleydi*, pour كلسيدى *guelseydi*, s'il était venu.

La préposition *à* est exprimée en turk par ايچون *itchun*, ou par le datif ou par l'ablatif; p. ex. : سومك ايچون *sevmek itchun*, à aimer; سومكه *sevmeyé*, سومكدن اوتورى *sevmekden ötury*, à aimer; اوقومغه كلدم *okoumaghà gueldim*, اوقومق ايچون كلدم *okóumak itchun gueldim*, اوقومقدن اوتورى كلدم *okoumakdan ötury gueldim*, je suis venu pour lire, pour apprendre. On dit aussi اوقويايم ديو كلدم *okouyayim deyu gueldim*.

Joint à ديو (disant), le verbe doit toujours être dans la première personne, et avant ديو; p. ex.: سنى كوره‌يم ديو بچه كلدى *seni göréyim deyu betché gueldi*, il est venu à Vienne pour te voir, يازايم ديو كيدرمسك *yazayim deyu guidermisiñ*, vas-tu pour écrire?

Les autres tems du conjonctif sont formés avec le verbe auxiliaire ايسه *isé*, qu'on joint à tous les tems de l'indicatif; p. ex.: كلور ايسه *guelur isé*, s'il vient; كلدى ايسه *gueldi isé*, quand il sera venu. On l'exprime aussi par le participe en دك *dik, dyk, douk, duk*, ou دق *dyk, douk*; p. ex.:

كم كمك كلدوكنى بلمم *kim, kimiñ guelduyini bilmem*, je ne sais pas qui pourrait venir.

قدر اولدوغم قدر *kadyr oldoughoum kadar*, autant que je peux, autant que je suis capable.

بلدوغم قدر *bildughum kadar*, autant que je sache.

Au lieu de est exprimé par le participe du futur; p. ex. : بچه کلجکنه پاریسیه کتدی *Betché gueledjeyinê Parisiyé guitti,* au lieu d'aller à Vienne, il est parti pour Paris.

La construction du verbe dans la première personne est très-régulière. On peut employer de même la troisième personne du pluriel, car on dit : انلر کتدی *onlar guitti,* pour انلر کتدیلر *önlar guittiler,* ils sont partis; طاغدن کلنلر باغده‌کنی قوار *daghdan guelenler baghdàkini kovar,* ceux qui descendent de la montagne chassent les habitans du vignoble; c'est-à-dire, les ignorans injurient les savans.

Employée avec des noms de nombre, la troisième personne des verbes reste toujours au singulier; p. ex. :

برقاچ ادم کلدی *bir katch adam gueldi*, quelques hommes sont venus. (On dit aussi برقاچ ادم کلدیلر *bir katch adam gueldiler;* mais cela signifie : *quelques hommes sont venus et...*)

یکرمی کیشی اوتورر *iyirmi kichi otourourour*, vingt personnes sont assises.

جنکده قرق نفر اولدی *djenkdé kyrk nefer öldu*, quarante soldats moururent dans la guerre.

Le verbe ديمك *dimek* (*demek*) signifie, nommer, appeler; p. ex.:

قرداشمه يوسف ديرلر *kardachyma Jousouf derler*, mon frère s'appelle Joseph.

بوكا نصل نيجه ديرلر *bouña nasyl nidjé derler*, comment appelle-t-on cela?

حلب ديديكلرى دنيلن شهره واردڭ مى *Haleb dedikleri, denilen cheheré vardyñ my*, as-tu déjà été dans la ville d'Aleppo?

On peut aussi dire ادلو *adly*, نام *nam*, نامنده *namindé*, ديمكله معروف *dimeklé ma'arouf*, nommé, ayant le nom, connu sous le nom.

Il est, s'exprime par در *dir*, *dyr*, *dour* et *dur*; p. ex.:

بابام اوده در *babam eodédir*, mon père est à la maison.

قز قرداشڭ نرده در *kyz kardachyñ nerdédir*, où est ta sœur?

كمندر بو دكان *kimindir bou dukyan*, à qui est cette boutique?

بر قهوه جنيڭدر *bir kahvédjiniñdir*, elle appartient à un cafetier.

Le négatif est دكل *deyil*, il n'est pas; p. ex.:

كلان اناڭميدر *guelen anañmydyr*, celle qui vient est-elle ta mère?

خير دكلدر *khayir deyil dir*, خير دكل *khayir deyil*, خير *khayir*, non, ce n'est pas elle.

قرداشڭ بوميدر *kardachyñ boumydour*, est-ce ton frère?

دكل *deyil*, يوق *yok*, non.

Il y a, est exprimé par وار *var*, واردر *vardyr*; p. ex. :

چوق ادم وار واردر *tchok adam var vardyr*, il y a beaucoup de monde.

قهوه‌ده دورت ادم وار *kahvédé dört adam var*, il y a quatre personnes dans le café.

اتمك وارمی *ekmek varmy*, y a-t-il du pain?

La négation est يوق *yok*, يوقدر *yok dour*, il n'y en a pas; p. ex. :

يوقدر خير يوقدر *yokdour, khayir yokdour*, il n'y a pas, il n'y a rien.

اوده كمسه يوقدر *evdé kimsé yokdour*, il n'y a personne à la maison.

جيبمده اقچه يوقدر *djebimdé akdjé yokdour*, je n'ai pas d'argent dans ma poche.

On dit aussi bien بابام اوده دكل *babam evdé deyil*, que بابام اوده يوق *babam evdé yok*, mon père n'est pas à la maison.

Avec les verbes transitifs actifs, l'objet reste au nominatif; p. ex. : ات المق يمك *et almak*, *yemek*, acheter *ou* manger de la viande.

EXCEPTIONS.

Quand il a déjà été question de l'objet, il est mis à l'accusatif; p. ex. : اتی المق يمك *eti almak, yemek*, acheter *ou* manger la viande (en question).

2. Joint à des pronoms terminatifs ; p. ex. : اويمى صاتدم *evimi sattym*, j'ai vendu ma maison ; اوغلنى سور *oghlouny sever*, il aime son fils.

3. Si l'objet est un pronom ou un nom propre, il doit être mis à l'accusatif ; p. ex. : بنى كوررمسك *beni görurmusuñ*, me vois-tu ? يعقوبى كوردم *Yakouby gördum*, j'ai vu Jacques.

Les verbes suivans demandent le datif :

بقمق *bakmak*, voir, (avec l'accusatif, *considérer*).

قيمق *kiymak*, ne pas faire grâce, tuer, dépenser, (avec le nominatif et l'accusatif, *hacher*).

بكزمك *beñzemek*, ressembler.

دكمك *deymek*, attaquer, (avec le nominatif et l'accusatif, *valoir*).

رجا ايتمك *ridja etmek*, prier.

يتمك *yetmek*, يتشمك *yetichmek*. suffire, être assez, atteindre, poursuivre.

طوقنمق *dokanmak*, prendre, tâter.

ديمك *dimek*, (*demek*), dire.

صورمق *sormak*, questionner, (avec l'accusatif, *demander après quelqu'un*).

ياقشمق *yakychmak*, convenir, être convenable.

اورمق *ourmak*, battre, (avec l'accusatif, *tuer*).

Tous les verbes dérivés de participes arabes, demandent le datif; p. ex. : مستحق اولمق *mustahah olmak* (برشيه *bir cheyé*), لايق اولمق *layik olmak*, être digne; برشيه سبب اولمق *bir cheyé sebeb olmak*, être cause de quelque chose.

Les suivans demandent l'ablatif :

قورقمق *korkmak*, avoir peur.

اوصانمق *osanmak*, بزمك *bezmek*, avoir un dégoût, être dégoûté.

واز كلمك كچمك *vaz guelmek*, *guetchmek*, se désister de quelque chose, la laisser.

قاچمق *katchmak*, fuir, s'enfuir.

قاچنمق *katchynmak*, éviter.

چكلمك *tchekilmek*, چكنمك *tchekinmek*, se retirer.

قورترمق *kourtarmak*, délivrer, mettre en liberté.

قورتلمق *kourtoulmak*, être délivré.

اوتانمق *outanmak*, avoir honte, etc.

D. USAGE DES AUTRES PARTIES DU DISCOURS.

Sur la demande *où?* قنده *kandé* (نره‌ده *nerédé*), on répond avec ده *dé*; p. ex. : باغچه ده *bagtchedé*, dans le jardin; شهرده *cheherdé*, dans la ville.

Sur la demande *où? vers quel endroit?* نره‌یه *neréyé?* On dit au datif استانبوله *Istambola,* à Constantinople.

Sur la demande *d'où?* نره‌دن *neréden, nerden?* On répond par l'ablatif; p. ex.: مصردن کلدم *Misirdan gueldim,* je suis venu de l'Égypte.

La demande *combien de tems?* نه قدر زمان *né kadar zaman?* exige le nominatif; p. ex.: ایکی ییل *iki yil,* deux ans; ایکی ساعت قدر *iki saa't (sahat) kadar,* presque deux heures.

Nota. S'il s'agit de mesures, on les met aussi au nominatif; p. ex.: De quelle longueur est ce drap? نه بوی (بویلق) در بو چوقه *né boy (boïdà) dyr bou tchouka?* De quelle longueur est la toile? بزك بویی نه قدر در *beziñ boyou né kadar dyr?* نه اوزونلقده بو بز *né uzunloukda bou bez?* De quelle largeur est ce ruban? نه اینلیدر بو شرید *né endédir bou cherid?* اینی نه قدر بو شریدك *eni né kadar bou cheridiñ.*

Sur la demande *quand?* قچان *katchan (hatchan?),* نه زمان *né zaman?* On répond par le nominatif; p. ex.: نه زمان کلورسك *ñé zaman guelursiñ,* quand viendras-tu? یارین *yaryn,* demain; ساعت ایکیده *sa'at (sahat) ikidé,* à deux heures.

On répond aussi en mettant ده *dé* après le mot; p. ex.: یکیچری نه زمان ایجاد اولدی *yeni-*

tcheri né zaman idjad oldy, à quelle époque ont commencé les janissaires? سلطان سليمان وقتنده *sulthan Suleïman vaktyndà*, du tems du sultan Suleïman.

Sur la demande *depuis quand?* نه زماندن وقتدن برو *né zamandan*, *vakytdan beru*, ou چوقدن مى *tchokdan my*, y a-t-il déjà long-tems? on répond :

1° Par l'accusatif, comme بر يلدن برو *bir yildan beru*, depuis un an; صباحدن برو *sabahdan beru*, depuis ce matin.

2. Par le nominatif avec وار *var*, در *dyr*, il est, il est déjà; كچدى *guetchdi* اولور *olour*, il sera; اولمش *olmouch*, il est devenu; اوليور *olouyor*, اولجق *oladjak*, il devient presque.

Sur la demande *à quelle distance?* نه قدر در *né kadar dyr*, نه قدر اوزاقدر *né kadar ouzakdyr?* on répond par le nominatif; p. ex. : دورت ساعت كون *dört sa'at (sahat)*, *gun*, quatre heures, jours.

Sur les demandes *comment, de quelle manière, pour quoi?* نيچه *nidjé*, ناصل *nasyl* (pour نه اصل *né asyl*), نه *né*, نه دورلو كونا *né turlu*, *göna*, on répond : ایاق ال ایله *ayak, el ilé,* avec les pieds et les mains ; انک ایچون *onoun itchun,* اولسببدن *olsebebden,* اول اجلدن *ol edjilden,* اندن اوتوری *ondan öturu*, pour cette raison.

Sur la demande du prix de quelque chose? قاچه *katcha,* on répond :

1. Par le datif : اوچ غروشه *utch ghouroucha,* à trois piastres ; اون فرونطه *on forinté*, à dix florins.

2. Quand on demande بهاسی نه در قاچدر *bahasy né dir katch dir,* à quel prix ? on emploie le nominatif : یکرمی پاره‌در *iyirmi paràdyr,* vingt paras, بر التون *bir altyn,* un ducat.

La mesure reste toujours au nominatif et au singulier ; p. ex. : ایکی اندازه اینلو چوقه *iki endazé enlu tchoukà*, ایکی اندازه ایننده چوقه *iki endazé enindé tchouka,* drap large de deux bras.

FIN.

TABLE DES CHAPITRES.

www.ingramcontent.com/pod-product-compliance
Ingram Content Group UK Ltd.
Pitfield, Milton Keynes, MK11 3LW, UK
UKHW021044200726
13857UKWH00003B/812